U0669142

AsianDiver 潜物志

亚洲潜水者

新加坡亚洲地理杂志◎编
谭紫萦　张媛媛◎译

THE BIG BLUE BOOK
蓝　色　海　洋

北京科学技术出版社

Copyright © 2020 Asian Geographic Magazines Pte Ltd.

Simplified Chinese translation copyright © 2021 by Beijing Science and Technology Publishing Co., Ltd.

著作权合同登记号 图字：01-2020-6521

图书在版编目（CIP）数据

亚洲潜水者.蓝色海洋 / 新加坡亚洲地理杂志编；谭紫萦, 张媛媛译. —北京：北京科学技术出版社，2021.1
（潜物志）
书名原文：AsianDiver
ISBN 978-7-5304-8826-3

Ⅰ.①亚… Ⅱ.①新… ②谭… ③张… Ⅲ.①潜水运动 ②海洋环境－环境保护－基本知识 Ⅳ.① G861.5 ② X55

中国版本图书馆 CIP 数据核字 (2020) 第 235176 号

策划编辑：李　玥　邢铮铮
责任编辑：付改兰　杨晓静
图文制作：天露霖文化
责任印制：张　良
出 版 人：曾庆宇
出版发行：北京科学技术出版社
社　　址：北京西直门南大街 16 号
邮政编码：100035
电　　话：0086-10-66135495（总编室）　　0086-10-66113227（发行部）
网　　址：www.bkydw.cn
印　　刷：北京宝隆世纪印刷有限公司
开　　本：889mm×1194mm　1/16
字　　数：177 千字
印　　张：6.5
版　　次：2021 年 1 月第 1 版
印　　次：2021 年 1 月第 1 次印刷
ISBN 978-7-5304-8826-3

定　　价：49.00 元

> "除非我们非常在乎，否则什么都不会变得更好。不会的。"
>
> ——苏斯博士，《罗拉克斯》(*The Lorax*)

©Shutterstock/ 供图

在我的成长过程中，《罗拉克斯》是我非常喜欢的一本书。这本书的作者苏斯博士（Dr.Seuss）是我童年时崇拜的英雄，他能令荒谬的行为变得合理，鼓舞了我以及像我一样充满困惑的孩子们。他的书中那些朗朗上口、幽默的韵文以及怪诞却有趣的插图，像磁铁般将我吸入了他想象的世界。

读《罗拉克斯》时，我第一次接触到有关环境危机的话题。当时，年仅 10 岁的我已经知道人类有些活动会导致我们生存的世界受到破坏，但那时我并未意识到后果的严重性。10 多年后的今天，我们所处的环境受到了前所未有的威胁。不同于《罗拉克斯》所讲的，现在出现的环境问题不仅仅局限于滥伐林木。

地球表面的 71% 被海洋覆盖，海洋储存着地球上 97% 的水资源，各种污染却使我们最重要的生命资源——海洋陷入危险之中。尤其是塑料污染，已逐渐从地球表面渗入海洋深处，威胁着从体形最小的浮游生物到体形最大的鲸鱼在内的、所有你能想到的海洋生物。

在这本《亚洲潜水者·蓝色海洋》中，我们将探索塑料正在通过哪些种途径破坏我们的海洋以及我们的世界。请加入我们，和我们一起从个人、组织及国际层面探讨这一复杂而充满挑战性的问题吧。

每个人的行动都会带来改变。从今天开始，关爱我们的海洋吧！

副主编　西塔拉·乔希

目　录

潜入五大湖

西塔拉·乔希 / 文

进行一场魅力无穷、充满神秘感的潜水之旅吧，探索地球上最大的淡水湖群。

百慕大号沉船

在苏必利尔湖的阿尔杰水下保护区（Alger Underwater Preserve），一艘木制纵帆船静静地躺在浅水层，这就是百慕大号（The Bermuda）沉船。

约 12 亿年前，苏必利尔湖逐渐形成。苏必利尔湖湖面目前南北最宽处达 257 千米，东西长 563 千米，面积超过 82000 平方千米，蓄水量约为 12000 立方千米。它拥有漫长的湖岸线和可观的湖水深度，等待着人们前去探索。苏必利尔湖最大深度 400 余米，湖水异常清澈，平均水下能见度达 8 米以上。

百慕大号沉船长约 40 米。对潜水者来说，沉船看起来非常宏伟。沉船位于美国密歇根州上半岛北部的苏必利尔湖水下不足 4 米深处。1870 年 10 月 15 日，这艘船在苏必利尔湖中的格兰德岛的默里湾沉没。沉船直立于湖底，甲板所处深度为水下 3.7 米。因所处深度及船体状况，百慕大号沉船深受潜水者喜爱。

苏必利尔湖中生活着成群的岩钝鲈以及 80 余种色彩鲜艳的鱼，比如鲤鱼、鲑鱼、鲈鱼和鳟鱼等。生长于苏必利尔湖区的植物中有数种是当地植物，比如美国五针松。苏必利尔湖区还生长着约 60 种兰花。

埃贝尔·沃德号沉船

麦基诺水道位于密歇根州上下半岛之间，8 千米长的麦基诺大桥横跨其间。麦基诺水道现在是一处旅游胜地，其水下保护区位于密歇根湖和休伦湖北端。这片水域多为浅水区，有的区域岩石较多，却也是绝佳的水下探索目的地。经年累月，多艘船只沉没于麦基诺水道，为这一水域增添了几分神秘感。这片水域的平均深度约为 80 米，最深处达 282 米。

在密歇根州上半岛画岩国家湖岸风景区，苏必利尔湖的浪涛拍打着教堂岩礁（Chapel Rock）©Shutterstock/ 供图

埃贝尔·沃德号（Eber Ward）沉船是一艘木质蒸汽船，位于水下45米处，它是麦基诺水道中12艘已被标记的沉船之一。这艘船于1909年4月9日被浮冰撞破后沉入水中。长约65米的船身完好无损地直立于水下。甲板所处深度为水下32米，船底所处深度为水下46米，再加上船上的发动机和锅炉，这艘沉船吸引了大量潜水者。资深潜水者还可以潜入船舱内部。此外，船头还有一个非常大的外形独特的蘑菇形船锚。潜水者潜水时说不定还能在附近发现沉没的救生艇。

除可供探索的沉船外，这片水域还生活着多种漂亮的、外形独特的生物——小龙虾、淡水海绵及海七鳃鳗等。大量水鸟及其他掠食者，如鸭、鹅、天鹅、乌鸦、知更鸟、白头海雕、鹰和秃鹫等，也生活在这里。

关于美国联合航空公司

你可以搭乘美国联合航空公司（简称美联航）的直飞航班前往潜水目的地，无经停，节省时间。美联航在美国境内运营着飞往旧金山及其他300多个城市的直飞航班。

菲律宾三大绝妙的潜水目的地

西塔拉·乔希 / 文

菲律宾地理位置得天独厚，潜水资源丰富，拥有极具吸引力的潜水目的地。

美丽的沙滩，壮观的日出，醉人的落日……这些仅仅是美好的序章，群岛之国菲律宾有更多惊喜等待你来体验。菲律宾与马来西亚、印度尼西亚、巴布亚新几内亚共同位于世界上海洋生物多样性的中心地带——著名的珊瑚三角区（Coral Triangle）内。珊瑚三角区内生长着 90 个属的 400~500 种珊瑚。而 70% 的面积属于菲律宾的苏禄-苏拉威西海洋生态区（Sulu-Sulawesi Marine Eco-region）也位于珊瑚三角区内，生态区内栖息着 2500 种鱼类。菲律宾拥有世界上最具吸引力的水肺潜水胜地。我们在此特别向你推荐以下三大潜水目的地。把它们列入你的菲律宾潜水计划吧，在此潜水一定会带给你激动人心的体验。

图巴塔哈群礁

图巴塔哈群礁自然公园位于苏禄海中心的巴拉望省，是联合国教科文组织认定的世界遗产，拥有潜水者公认的菲律宾最好的珊瑚礁，也是世界上生物多样性极丰富的潜水胜地。图巴塔哈群礁中栖息着 600 多种鱼类、360 种珊瑚、11 种鲨鱼、13 种海豚和多种鲸类，以及在此地产卵的玳瑁和绿海龟。此外，潜水者在图巴塔哈群礁不仅可以见到蝠鲼、梭鱼（海狼）和鲔鱼群，还可以见到海蛞蝓、剃刀鱼、海马以及蟾鱼等小型海洋生物。因为潮汐导致的变化，水下能见度在 10~35 米之间，普通潜水者可以尝试浮潜。该水域的部分潜点有强劲的水流，适合中级至高级潜水者。

如何抵达

前往图巴塔哈群礁需先乘飞机至马尼拉，再搭乘菲律宾国内航班至普林塞萨港（公主港）。

从普林塞萨港前往图巴塔哈群礁只能以船宿的方式抵达，船宿潜水通常为期一周。有多家船宿公司可供选择。从图巴塔哈群礁还有转往阿波岛、道因、卡比劳岛等菲律宾其他地区的时间更长的潜水行程可选。每年的 2~6 月是图巴塔哈群礁的潜水季，建议你提前规划你的潜水行程。

阿尼洛

阿尼洛被誉为菲律宾最佳垃圾潜目的地，亦被视为微距摄影及黑水摄影胜地。除了可以欣赏种类繁多且奇特的小生物，你在阿尼洛还可以见到种类丰富的珊瑚、海龟、庞大的水母群、杰克鱼群，还可能遇到礁鲨。

神秘湾（Secret Bay，也叫 Manit Muck）潜点是阿尼洛最有趣的垃圾潜点之一，非常值得探索。在这里，你可以找到无数章鱼、各种海龙以及蟾鱼等。而在码头（The Pier）和双生岩（Twin Rocks）这两处潜点，你还可以参加微距摄影工作坊组织的活动，进行水下摄影。在码头潜点，你可以见到罕见的瞻星鱼和博比特虫；双生岩潜点的亮点则在于有美丽的软珊瑚、各种各样的小鱼以

图巴塔哈北环礁空中俯瞰图　©Shutterstock/住

栖息在海鳃上的柳珊瑚虾虎鱼（又称海鞭虾虎鱼）。摄于阿尼洛
©Shutterstock/ 供图

及杰克鱼群。

阿尼洛潜点的能见度为水下10~15 米。在这里还可进行浮潜、划独木舟等活动。阿尼洛各潜点均不太深，且较少出现强劲的水流，非常适合潜水初学者。

如何抵达

阿尼洛是菲律宾境内相对容易抵达的潜水目的地。从马尼拉机场至阿尼洛只需两三个小时的车程。阿尼洛的许多度假村提供免费接送服务。在阿尼洛潜水，大多从阿尼洛岛出发。岛上有许多潜水度假村可供选择。大多数船宿行程不会安排阿尼洛的水肺潜水。

道因

道因位于内格罗斯岛，是菲律宾一处极具魅力的潜水目的地。这里的潜点主要分布在道因的海岸沿线。道因距杜马格特约20 分钟车程。这里有出色的垃圾潜点、种类丰富的珊瑚，以及多家临海的度假村。这些度假村的价格与其他潜水目的地的相比，相对低廉。道因潜点的能见度通常为水下10~12 米。

从道因的度假村乘船30 分钟即可到达阿波岛。阿波岛拥有美妙的珊瑚花园、鱼群、海龟以及海蛇，小有名气。在阿波岛的椰树点（Coconut Point）潜点，富于探险精神的潜水者可以体验令人心跳加速的放流潜水。沿着海底斜坡潜水，可以见到褐点石斑鱼、隆头鹦嘴鱼和绿海龟。阿波岛潜点的能见度为水下16~30 米。道因及其附近的所有潜点环境都相对简单，潜水者不需要有特别丰富的潜水经验。

如何抵达

从马尼拉乘飞机，经过短短45 分钟就能抵达杜马格特。豪华度假村提供免费的机场接送服务。亚特兰蒂斯潜水度假村（Atlantis Dive Resort）和大气度假村（Atmosphere Resort）深受潜水者欢迎，有不错的酒吧、餐厅、泳池以及水疗服务，并可为水下摄影师提供专业设施及服务。

躲在玻璃瓶中的侏儒虾虎鱼。摄于道因　©Shutterstock/ 供图

2019 冠状病毒病（COVID-19）

西塔拉·乔希 / 文

2019 年底，世界各地的人们感染了一种新型冠状病毒。来势汹汹的病毒，令世界发生了巨大变化。

2019 年底，世界各地的人们感染了一种新型冠状病毒（简称新冠病毒）。这一病毒起先被命名为 2019-nCoV，随后被更名为 SARS-CoV-2，以便与十几年前发生的严重急性呼吸综合征（SARS）的病毒 SARS-CoV-1 区别开来。2002~2003 年，SARS 导致全球 8000 多人被感染，数百人死亡。2020 年 1 月底，世界卫生组织将新冠病毒引起的疾病命名为 2019 冠状病毒病（COVID-19），并宣布将 2019 冠状病毒病导致的疫情列为"国际关注的突发公共卫生事件"。2020 年 3 月 11 日，世界卫生组织宣布 2019 冠状病毒病（在中国被简称为新冠肺炎）为全球性大流行病。

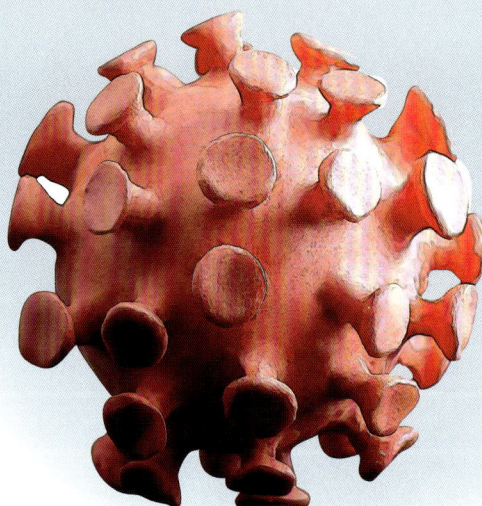

1

避免在密闭空间或空调房中停留过长时间。安全防护固然重要，但长时间待在空气不流通的室内有损免疫系统及精神健康。晒太阳有助于体内维生素 D 的合成，有助于保持免疫系统健康。有证据显示，病毒不喜欢高温，晒太阳虽然不能杀死冠状病毒，但走出家门，与他人保持距离地散步或跑步，对身体的整体健康有好处。

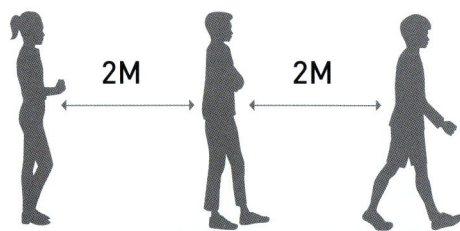

2M   2M

尽可能地与他人保持 2 米以上的距离

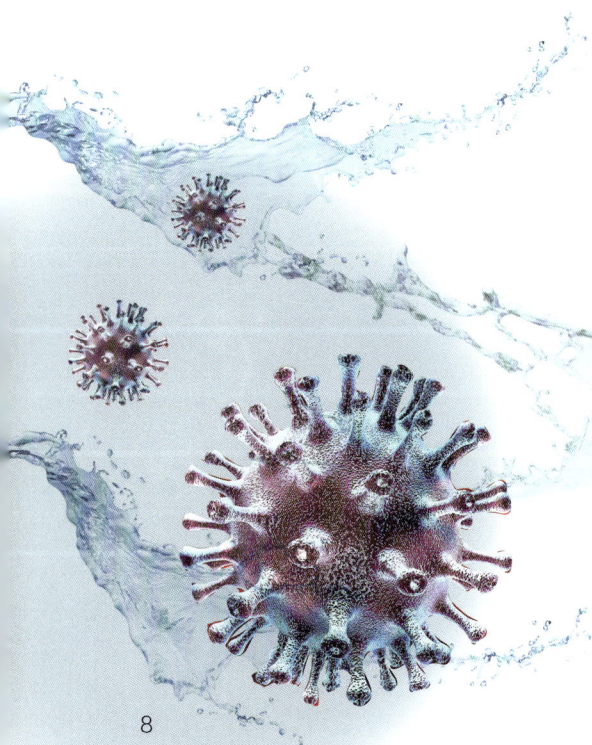

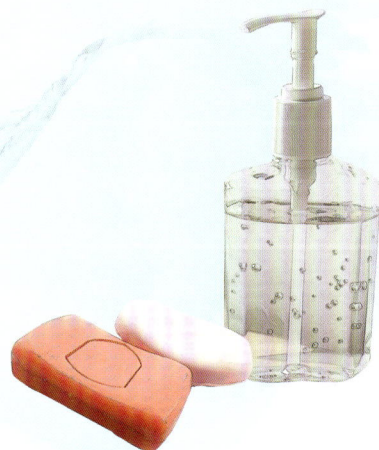

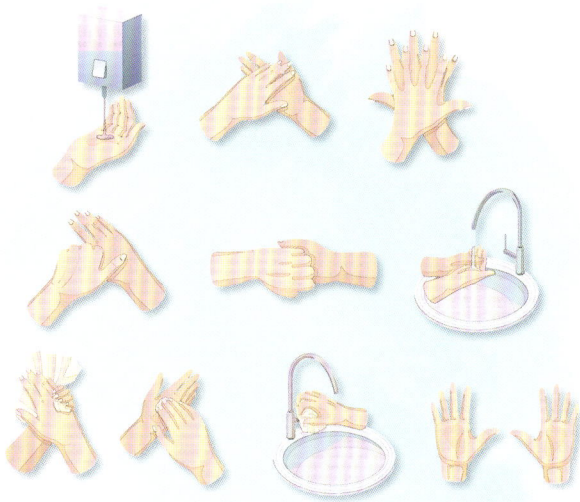

有效的洗手步骤

❷

　　要经常用肥皂洗手，也可以用含酒精的免洗洗手液洗手。去往学校、工作地点或其他地方意味着我们会接触到各种物体，某些物体可能被感染者接触过。你如果用手接触某些物体表面后触摸自己的脸——大多数人每2~5分钟就会摸一次脸，就可能感染病毒。有效的解决方案就是频繁地洗手。肥皂能非常有效地去除手上包括新冠病毒在内的各种病毒——它能溶解病毒的包膜，使病毒分崩离析，从而失去活性。

　　"冠状病毒"的英文名"coronavirus"源于拉丁语中的"corona"，它的意思是"光环""王冠"。显微镜下的冠状病毒看起来像日冕——太阳大气的最外层。

　　新冠病毒与此前出现过的SARS病毒非常相似，最先从动物传给人类。SARS病毒可能源于蝙蝠，再通过果子狸传给人类。新冠病毒也和蝙蝠身上的冠状病毒相似度较高。新冠病毒目前以人传人的方式传播，不仅会通过打喷嚏和咳嗽产生的飞沫进行直接传播，还会通过被病毒污染的物体表面进行间接传播。病毒在潜伏期也具有传染性，因而防控更加困难。感染的症状包括发热、流鼻涕、咳嗽、呼吸困难以及其他类似于普通感冒或流感的症状。但是，病情严重时可能导致肺炎和急性呼吸窘迫综合征。

　　尽管新冠病毒扩散迅猛，但我们仍然可以采取一些预防措施，将感染率降到最低。

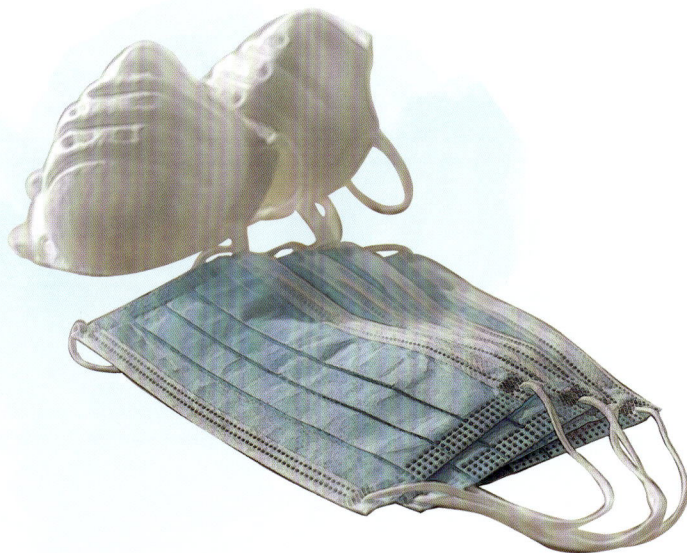

❸

　　遵守呼吸卫生行为守则。你如果出现了轻微症状，应待在家里避免外出。如果不得不离开家，你就要戴上口罩，以免咳嗽或打喷嚏时释放含有病毒的飞沫。你如果没有戴口罩或手边没有纸巾，那么咳嗽或打喷嚏时要用肘部捂住嘴。总之，保持社交距离和勤洗手是自我保护和保护他人的有效手段。

❹

　　以正确的方式丢弃长时间未使用或用过的口罩。如果口罩在使用几小时后变得潮湿，就应当丢弃。请确保以负责任的、正确的方式丢弃口罩。N95 型口罩的材质是熔喷布，它是由塑料原料（聚丙烯为主）熔化后从喷丝孔中喷出的纤维制成的。因此，这种口罩属于非生物降解类物品，如果不以正确的方式丢弃，可能导致海洋受到污染。

❺

　　不进行非必要的旅行。随着疫情的发展，一些国家采取了封禁措施，很多国际航班处于停飞状态，国内航班也大大减少。有些国家规定入境旅客必须进行强制隔离。因此，不要进行任何非必要的旅行。

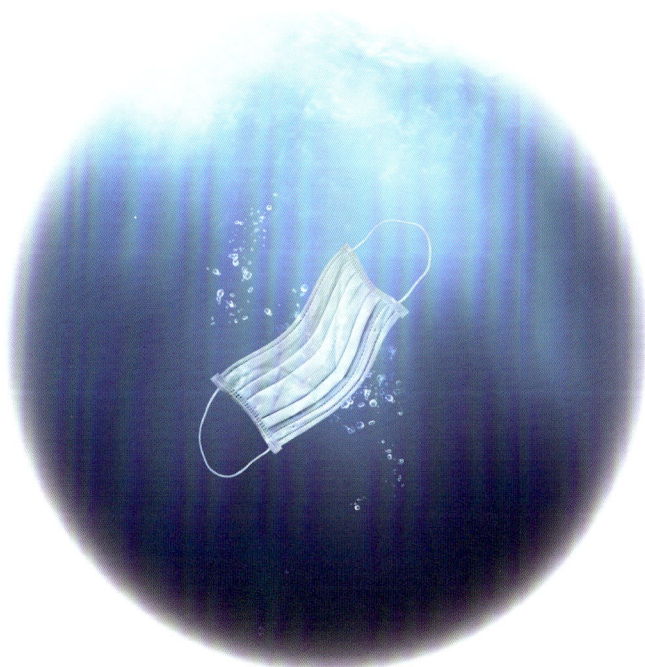

　　事实证明，控制 2019 冠状病毒病疫情的扩散极具挑战性。全球各地患者数量呈几何级数增长。在中国，2020 年 1 月 23 日，也就是在媒体报道首例因感染新冠病毒死亡的病例后不到两周，武汉进入封城状态以控制病毒传播。当时，武汉所有公共交通暂停运营，市民不允许离开本市。世界卫生组织对中国的这一决定表示赞赏，称其为"史无前例"。随后，其他国家逐步开始实施限制措施。但随着确诊病例数量不断攀升以及死亡人数急剧增加，许多国家开始采取与武汉类似的全面封禁措施，呼吁人们停止旅行，停止大型聚会，强制"非必需类"行业（比如包括潜水旅游在内的旅游业）停业等。来势汹汹的病毒，令世界发生了巨大变化。

为潜水装备消毒

当下，为确保安全无忧地享受潜水，以正确方式为装备消毒比以往任何时候都更重要。

2019 冠状病毒病疫情的爆发，使得潜水装备的正确消毒方法成为潜水者关注的焦点。对于租用潜水装备进行潜水的潜水者来说，为潜水装备消毒尤为重要。潜水员警示网（DAN）已发布了关于正确为潜水装备，比如呼吸调节器二级头、呼吸管、潜水面镜以及浮力控制器（BCD）的口吹充气阀等消毒的建议。

DAN 表示："平时用于清洗潜水装备的抗菌产品和洗必泰漱口水或喷雾剂对新冠病毒无效。只有用热肥皂水清洗及刷洗潜水装备，才能有效预防新冠病毒。"

请将潜水装备浸入浓度为 10% 的漂白剂溶液中消毒，或用季铵化合物对潜水装备进行消毒，然后用清水冲洗消毒过的潜水装备。

DAN 建议：如果你潜水时使用租来的装备，请用消毒湿巾擦拭呼吸调节器二级头、呼吸管、浮力控制器的口吹充气阀以及潜水面镜内部，然后在正式使用前用清水清洗它们。你如果没有消毒湿巾或无法亲自为潜水装备消毒，务必要求潜水中心对你租用的装备进行消毒。

"平时用于清洗潜水装备的抗菌产品和洗必泰漱口水或喷雾剂对新冠病毒无效。只有用热肥皂水清洗及刷洗潜水装备，才能有效预防新冠病毒。"

努力摆脱塑料污染造成的困境

西塔拉·乔希　诺拉·伊斯梅尔 / 文

©Shutterstock/ 供图

一次性塑料垃圾充斥海洋

几十年来，一次性塑料垃圾对生态系统造成了巨大破坏。我们日常生活的每一天都在使用塑料制品，最常用的是塑料购物袋、一次性餐具、吸管、汽水瓶、饮用水瓶、咖啡搅拌棒、食品包装袋等。人类每年丢弃的塑料垃圾约 3 亿吨，其中一半是一次性塑料制品。而全球每年仅有 10%~13% 的废弃塑料制品被回收利用。显然，目前我们最迫切、最可行的做法是：减少使用塑料制品，大力推广可持续发展产品，并采用更高效的回收利用策略和技术。

塑料可能没那么糟糕？

事实并非如此。一次性塑料制品含有石油，很难被循环利用，因为每次循环利用时都需要加入新的化学物质和原材料。如今只有少数产品使用了回收的塑料。石油基塑料无法进行生物降解，它们或被填埋到地下，或流入水体（比如海洋）中。塑料制品需要很多年才能降解，在此过程中，它们释放的有毒化学物质通过生物链最终进入我们的食物和饮用水。目前研究者已在人体血液中检测出这些有毒的化学物质。经研究发现，这些化学物质会扰乱人体内分泌系统，并可能导致女性不育、胎儿先天性缺陷、癌症等。

许多国家和地区已采取措施限制使用塑料袋，还有一些国家和地区已经在尝试减少使用一次性塑料制品。而且，除了政府推广实施以上措施外，各类组织和个人也在使用塑料制品方面主动做出了改变。

"塑料制品需要很多年才能降解，在此过程中，它们释放的有毒化学物质通过生物链最终进入我们的食物和饮用水。"

海洋中的微塑料和纳米塑料

来源

人类每年丢弃的塑料垃圾

约**3亿**吨，

其中一半是一次性塑料制品

全球每年仅有

10%~13%

的废弃塑料制品被回收利用

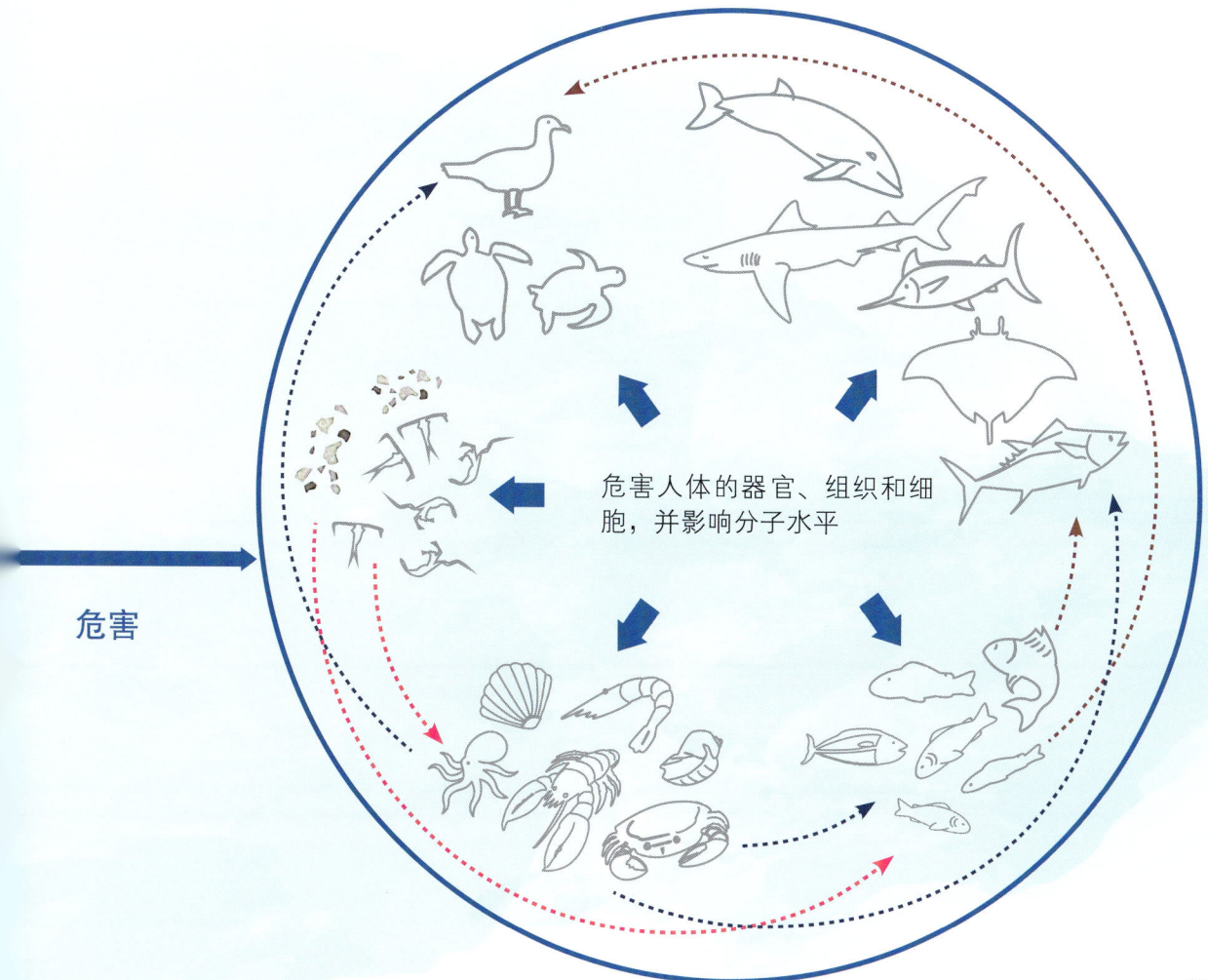

危害人体的器官、组织和胞，并影响分子水平

危害

15

减少塑料污染的全球倡议

1950 年全世界的塑料产量为 2300 万吨，2015 年则为 4.5 亿吨，呈指数式增长。面对这样的生产速度，我们必须采取措施应对塑料垃圾问题，刻不容缓。在亚洲，70%~80% 的垃圾最终流入海洋，其中大部分是塑料垃圾。仅南亚每年就会产生惊人的 3.34 亿吨垃圾。据估计，海洋中 55%~60% 的塑料垃圾来自 5 个国家，而这 5 个国家均在亚洲。

2019 年 3 月在肯尼亚内罗毕举行的联合国环境大会上，170 个国家承诺在 2030 年之前大幅度减少使用塑料制品。下面，我们来看看全球各地一次性塑料垃圾的现状。

"印度在未来几年内将禁止使用一次性塑料制品。我相信是时候跟一次性塑料说再见了。"

印度总理纳伦德拉·莫迪，2019 年

经年的努力

◆ 1998年

印度

锡金邦禁止使用一次性塑料制品。

◆ 2002年

孟加拉国

1月1日：全国逐步禁用薄塑料袋。

◆ 2003年

南非

5月：颁布第一道全国范围的一次性塑料制品使用禁令。随后一段时间内塑料袋使用量骤降，但后来因执行力度不足，塑料袋使用量又开始回升。

澳大利亚

11月1日：塔斯马尼亚州的科尔斯湾是澳大利亚第一个禁止使用塑料袋的地区。

©Shutterstock/ 供图

◆ **2006年**

卢旺达

1月：颁布全国范围
的一次性塑料制品使
用禁令。2008年开始
全面实施。

坦桑尼亚

6月：颁布全国范围的塑料瓶和塑料袋使用
禁令。虽然坦桑尼亚颁布禁令的时间较早，
但实施效果并不理想。政府正在不断努力，
逐步减少塑料袋的使用量。

◆ **2008年** ⟶

中国

6月：禁止生产、使用超
薄塑料袋，禁止零售商向
顾客免费提供塑料袋。

印度

2017 年印度国家绿色法庭颁布了一次性塑料使用禁令，首都新德里禁止使用塑料袋、塑料杯和塑料餐具等。然而事实证明，这项禁令实施起来困难重重，新德里每天仍然会产生数千吨塑料垃圾。

2019 年 9 月，在《联合国防治荒漠化公约》第十四次缔约方大会上，印度总理莫迪说："印度在未来几年内将禁止使用一次性塑料制品。我相信是时候跟一次性塑料说再见了。"随后，印度以激进的方式颁布了一项禁令，并定于 2019 年 10 月 2 日开始实施，在全国范围内禁止使用 6 类一次性塑料制品——塑料袋、塑料杯、塑料盘、小塑料瓶、塑料吸管、塑料包装袋。但就在 2019 年 10 月 2 日甘地诞辰纪念日这天，莫迪在演讲中将之前所说的"禁止使用一次性塑料制品"改为"到 2022 年逐步淘汰一次性塑料制品"。

锡金邦是印度最早颁布全面塑料禁令的地区。在锡金邦，减少塑料污染这一理念已经融入当地的早期教育。除了锡金邦，另外 22 个邦和联合属地也实施了类似的一次性塑料禁令。

©Shutterstock/ 供图

经年的努力

◆ 2008年

澳大利亚

时任环境部部长的彼得·加勒特试图在全国范围内实施塑料禁令，但未成功。

◆ 2009年

不丹

在 2005 年进行了第一次尝试后，于 2009 年再次在全国范围内实施塑料禁令。

摩洛哥

禁止生产和使用黑色塑料袋。这一措施取得了部分成功。摩洛哥政府一直在努力制止非法生产黑色塑料袋。

孟加拉国

20 世纪 80 年代末 90 年代初，孟加拉国在洪灾中发现城市的排水系统被许多塑料袋堵塞。堆积的塑料垃圾造成蚊虫滋生，导致致命的疟疾和登革热流行。2002 年，孟加拉国成为全球率先禁止使用薄塑料袋的国家。然而，这项禁令的实施情况并不理想。2006 年后，孟加拉国对使用塑料制品的控制放松，移动塑料法庭（mobile plastic court）减少，而且民众无视罚款。2019 年，关注废弃物组织（Waste Concern）与孟加拉国环境部合作调查发现，孟加拉国首都达卡人均塑料消费量 2005 年为 5.56 千克，2017 年升至 7.24 千克。此次调查得出以下统计结果：39% 的塑料垃圾被置于垃圾填埋场，36% 由非正式机构回收，余下的 25% 则散布于环境中，最终流入了孟加拉湾。

©Shutterstock/ 供图

不丹

每年产生的垃圾中 13% 是塑料垃圾。2012 年和 2016 年分别出台的《废弃物防治和管理条例》的修正案推动了治理垃圾污染的进程。

用废弃塑料制成的转经筒为通往虎穴寺的道路增添了色彩　©Shutterstock/ 供图

乌干达

4 月：全国禁止使用轻质塑料袋。

哥伦比亚

全国禁止使用小于 30 cm×30 cm 的一次性塑料袋，并对使用塑料袋的消费者每次征收 20 哥伦比亚比索的税金。

中国

从 1992 年到 2017 年间，中国进口了全球 45% 的塑料垃圾，总量超过 1 亿吨。这些塑料垃圾将近 90% 是一次性食品包装。向中国出口塑料垃圾较多的国家有美国、德国和日本。2018 年初，中国开始禁止进口固体垃圾，其中包括一次性塑料垃圾，这一禁令颠覆了价值 2000 亿美元的全球垃圾回收产业。那之后，印度尼西亚、泰国、越南、马来西亚的垃圾回收商面对数量庞大的全球塑料垃圾不知所措。最终，很大一部分塑料垃圾要么进入垃圾填埋场，要么流入海洋。

多年来，中国一直在努力处理本国产生的大量垃圾。陕西省的江村沟垃圾填埋场是中国最大的垃圾填埋场，面积相当于 100 个足球场。如今这里已经被垃圾填满了，比预计时间早了 25 年。

2020 年初，中国政府提出至 2020 年底，率先在部分地区和部分领域禁止或限制使用一次性和不可降解的塑料袋，目标是到 2022 年，全国范围内一次性塑料制品消费量明显减少。除此之外还规定，到 2025 年，餐饮业使用的一次性塑料制品必须减少 30%，酒店不再主动提供一次性塑料制品。

经年的努力

◆ 2010年

印度

5月：全国禁止使用塑料袋。

◆ 2011年

缅甸

4月：7 个邦禁止使用一次性塑料袋和其他塑料制品。

◆ 2012年

马来西亚

11月：槟城禁止使用聚苯乙烯。

◆ 2014年

喀麦隆

4月：全国禁止使用不可生物降解塑料袋。

马来西亚

马来西亚的吉隆坡、纳闽和布城3个联邦直辖区禁止使用不可生物降解的塑料袋和塑料食品包装材料。时任马来西亚能源科技环境与气候变化部部长的杨美盈说："中国的塑料禁令确实让马来西亚以及其他国家开始直面塑料垃圾问题。"马来西亚政府于2018年10月宣布逐步停止进口塑料垃圾，并开始查封非法垃圾处理工厂。

©Shutterstock/ 供图

日本

日本计划2020年在全国设置更多塑料垃圾回收箱，推广净滩、净河活动，并努力研发可生物降解的包装材料。

日本传统的用于包装物品的包袱皮是一种零垃圾包装材料　©Shutterstock/ 供图

◆ 2015年

科特迪瓦
5月：全国禁止使用塑料袋。

中国
1月：吉林省禁止生产、销售和提供一次性不可降解塑料购物袋、塑料餐具。

布基纳法索
全国禁止使用一次性塑料袋。

◆ 2016年

印度尼西亚
马辰和万隆颁布塑料袋禁用令。

塞内加尔
全国禁止使用一次性塑料袋。

印度尼西亚

　　马辰的塑料袋使用量已经减少了 80%；万隆已经禁止使用聚苯乙烯泡沫塑料；为了减少海洋污染，巴厘省已于 2019 年 7 月 2 日开始禁止使用所有一次性塑料制品，当地政府希望当地的海洋垃圾可以减少 70%。"这个政策针对制造商、分销商、批发商、零售商以及个人，社会各界共同限制一次性塑料制品的使用。必须用其他材料代替塑料。"巴厘省省长瓦扬·科斯特在接受《雅加达邮报》采访时说道。如果企业违反禁令，政府将采取行动，比如撤销其经营许可证。

在印度尼西亚雅加达的垃圾填埋场，人们手举"反对塑料垃圾"和"反对使用塑料制品"的标语牌 ©Shutterstock/供图

经年的努力

◆ 2016年

毛里求斯
1 月 1 日：全国禁止使用一次性塑料袋。

加拿大
1 月：全国禁止使用一次性塑料袋。

摩洛哥
7 月：全国禁止使用一次性塑料袋。

釜山海云台的沙滩上矗立着用塑料瓶和装洗涤剂的塑料桶做成的装置艺术品 ©Shutterstock/ 供图

韩国

　　韩国在垃圾分类回收方面制定了严格的政策。在过去的 25 年间，韩国回收利用的垃圾数量不断增加。

　　2019 年，韩国政府禁止全国近 11000 家超市使用一次性塑料袋。在此之前，政府已经禁止商场、店铺向顾客免费提供塑料袋。如今，上述禁令实施后，只有销售和购买肉类和鱼这样的产品才可以使用塑料袋。

斯里兰卡

　　斯里兰卡 2018 年出台了一项一次性塑料禁令，目标是 2030 年前实现海岸线零污染。这项塑料禁令主要针对聚苯乙烯制成的食物容器，比如盒子、盘子、杯子，以及其他商品包装。这项塑料禁令还要求减少进口一次性聚苯乙烯盒，并控制乙烯、苯乙烯、氯乙烯的聚合物的进口量。时任环境部秘书的阿努拉·迪萨纳亚克强调：“斯里兰卡正在大刀阔斧地应对塑料问题。我们已经禁止使用塑料袋，现在正努力减少塑料瓶的使用数量。我们希望成为亚洲的‘绿色’灯塔和‘蓝色’灯塔，尽我们所能维护海洋清洁。”

©Shutterstock/ 供图

2017年

美国

11 月：加利福尼亚州禁止使用一次性塑料袋。

马来西亚

3 个联邦直辖区禁止使用不可生物降解塑料。

墨西哥

克雷塔罗市禁止使用一次性塑料袋。

在菲律宾巴科洛德污染最严重的海岸
线，年幼的孩子会捡拾塑料废品自用
或出售　©Shutterstock/ 供图

菲律宾

从 2020 年 1 月 1 日起，菲律宾全面禁止使用一次性用品，如杯盘、吸管、咖啡搅拌棒、调料盒等，也禁止使用塑料袋（只有在售卖生鲜或熟食时才可以使用）。零售商店，包括超市、百货商店和药房一律有偿提供塑料袋。个人首次违反该禁令将被处以 1000 菲律宾比索的罚款；第三次违反禁令时，罚款将增加至 5000 菲律宾比索。公司如果第二次违反禁令，将被责令停业；第三次违反的话，则会被吊销营业执照。

经年的努力

◆ 2017年

肯尼亚

全国禁止生产、销售和使用一次性塑料袋。

津巴布韦

7月：全国禁止使用一次性塑料袋。

印度

10月：德里禁止使用薄塑料袋。

中国台湾

在积极推进再生资源循环利用之后，中国台湾应对塑料垃圾的最新政策是完全禁止使用塑料吸管，餐厅尤其受到限制。新政策要求大型连锁餐厅在堂食中减少塑料吸管的供应，并于 2020 年逐步推行至所有餐厅。2018 年，中国台湾回收了约 20 万吨废弃的塑料器皿。

根据中国台湾环境保护部门的规定，从 2025 年开始，消费者需要为塑料吸管、塑料袋、一次性塑料器皿等额外付费。中国台湾计划从 2030 年起全面禁止使用一次性塑料制品，包括吸管、杯子、袋子等。目前中国台湾每人每年平均使用 700 个塑料袋。环境保护部门的目标是到 2025 年，年人均塑料袋使用量降至 100 个，到 2030 年降至零。

中国台湾高雄一件用回收的塑料废弃物制作的户外艺术品　©Shutterstock/ 供图

泰国

2020 年，泰国出台了一项政策：禁止大型商场使用一次性塑料袋。2021 年，所有零售商店将响应这项政策。目前已有 5 万多吨塑料垃圾流入泰国周围的海洋。绿色和平组织的调查报告显示，泰国是世界第六大海洋垃圾排放国。目前，越来越多的人意识到塑料垃圾会对动物和环境造成巨大威胁。

©Shutterstock/ 供图

◆ 2018年

沙特阿拉伯	澳大利亚	沙特阿拉伯	斯里兰卡
12 月：出台新法规，要求生产的各种塑料制品必须是可生物降解的。	除了新南威尔士州，各州逐步禁止使用薄塑料袋。两大连锁超市巨头只向顾客有偿提供可循环使用的厚塑料袋。	全面禁止使用塑料吸管。	1 月：禁止使用一次性塑料制品。

澳大利亚

　　早在 2008 年，时任环境部长的彼得·加雷特就宣布将在当年年底前颁布一项全国禁止使用塑料袋的新法规。但由于成本方面的原因，以及联邦政府和各州政府在政策的细节方面难以达成共识，最终，各州以各自的方式限制使用塑料袋。

　　之后的 10 年间，澳大利亚逐步禁止使用薄塑料袋。现在，除了新南威尔士州，其他各州的大部分地区均禁止使用塑料袋。而在新南威尔士州，塑料袋禁用令仍在讨论中。

　　2019 年，南澳大利亚州政府宣布禁止使用一系列一次性塑料制品，包括塑料吸管和餐具，这一举措是为 2020 年进一步推行相关法规打基础。这一禁令使南澳大利亚州成为澳大利亚首个禁止使用饮料搅拌棒、吸管等塑料制品的州。

经年的努力

◆ 2018年

哥斯达黎加

6月：提出从 2021 年起全面禁止使用一次性塑料制品。

◆ 2019年

韩国

大型超市禁止使用一次性塑料袋。

欧盟

欧洲议会通过了从 2021 年起全面禁止使用一次性塑料制品的议案。

新西兰

从 2019 年 7 月起，新西兰禁止所有零售商使用一次性塑料袋。除超市中的水果区、蔬菜区等区域外，商场、超市和餐厅不可销售或供应任何形式的一次性塑料购物袋，包括薄塑料袋和厚塑料袋，也不可向消费者免费供应可生物降解的塑料袋。"新西兰人民对祖国的清洁、绿色形象非常自豪，大家要同心协力，切实保护环境。"环境部副部长尤金妮娅·塞奇说："塑料购物袋禁令是解决新西兰垃圾问题的其中一环，我们还需要完善材料回收和循环利用系统，向循环经济转型。"

可重复使用的袋子里装着新西兰产的红玫瑰苹果。这种袋子是用回收的一次性塑料袋制作的 ©Shutterstock/ 供图

©Shutterstock/ 供图

巴布亚新几内亚

从 2020 年 1 月开始，巴布亚新几内亚全面禁止使用一次性塑料袋。环境保护部部长杰弗里·卡马告诉媒体，政府已从 2019 年 11 月起禁止进口一次性塑料袋。然而，在这个贫穷的国家，河流中充斥着塑料垃圾，这项禁令实施起来困难重重。由于政府没有制订明确有效的实施方案，生产商对此禁令抱怨颇多。

乌干达	**摩洛哥**	**斯里兰卡**	**约旦**
全国禁止使用薄塑料袋。	4 月 1 日：全国禁止使用一次性塑料袋。	全国禁止使用一次性塑料。	12 月 4 日：据约旦通讯社报道，时任环境大臣的萨利赫·哈拉比沙表示，约旦禁止生产不可生物降解的塑料袋。

在马尔代夫的蒂拉富希岛（Thilafushi），成堆的被压缩的 PET 塑料瓶等待回收　©Shutterstock/ 供图

马尔代夫

2019 年 7 月，马尔代夫议会通过了一项决议，宣布从 2023 年起全面禁止使用一次性塑料制品。决议的内容还包括禁止进口塑料袋，并解决从 2025 年起进口能够替代塑料的包装材料的问题。来自马尔代夫 17 所高校的学生联名向本国的环境和气候委员会递交了一份提案，提案强调了一次性塑料制品的危害，阐述了其他国家在减少塑料制品使用方面所做的努力。

©Shutterstock/ 供图

缅甸

随着经济发展，缅甸的一次性塑料制品（如购物袋、饮用水瓶、食品包装等）的使用量大幅度增长。2011 年，首都仰光宣布禁止使用塑料袋。而早在 2009 年，曼德勒已经实施了类似禁令。尽管如此，缅甸的河流中和海岸线还是充斥着塑料垃圾，估计每天都有约 100 吨塑料垃圾从伊洛瓦底江流入海洋。

经年的努力

◆ 2019 年

新加坡

4 月 11~14 日：为了打造"无塑料海洋"，亚洲潜水展（ADEX）发起了"海洋公民"行动，呼吁人们不再使用一次性塑料制品。

马尔代夫

7 月 1 日：宣布从 2025 年起，全面禁止使用一次性塑料制品。

新西兰

7 月 1 日：全国禁止使用一次性塑料袋。

在越南金兰，被海浪冲到一起的塑料垃圾 ©Shutterstock/ 供图

越南

越南承诺从 2025 年起不再使用一次性塑料制品，从 2021 年起超市不再销售一次性塑料制品。总理阮春福很重视塑料垃圾对生态系统、环境和人类居住地造成的危害。他召集各政府部门、机构、地区共同制订切实可行的计划，遏制一次性塑料制品的使用；同时，政府也与承担更大社会责任的企业进行合作。他说："让我们一起努力，实现从 2021 年起市区的商店、市集、超市不再使用一次性塑料制品，从 2025 年起全国禁止使用一次性塑料制品。"

柬埔寨

2019 年 11 月，柬埔寨政府开始着手立法，禁止进口和生产一次性塑料制品。这是柬埔寨为减少国内塑料垃圾污染所做的努力。柬埔寨全国将逐步减少一次性塑料制品（如吸管、勺子、杯子）的使用，更多地使用环境友好型材料（如竹、纸、金属等）制作的用品。但是这项"减塑法"的明确实施日期和具体实施细则有待确定。

©Shutterstock/ 供图

◆ **2020年** →

巴基斯坦	柬埔寨	日本	菲律宾	泰国
8 月 14 日：全面禁止使用聚乙烯塑料购物袋。	8 月 24 日：全国禁止使用一次性塑料制品。	正在实施和促进全国禁止使用一次性塑料制品。	奎松市禁止使用一次性塑料制品。	开始实施塑料袋禁用令，并计划从 2021 年起全面禁止使用塑料袋。

巴基斯坦

与其他亚洲国家一样，巴基斯坦也与塑料垃圾斗争了许多年。早在 1994 年，信德省政府便禁止生产、销售、购买、使用聚乙烯塑料袋；1995 年旁遮普省开始效仿这一举措；2001 年俾路支省也开始禁止使用塑料袋。然而，以上这些努力未能阻止巴基斯坦后来成为生产塑料袋的主要国家。2013 年，巴基斯坦尝试在首都伊斯兰堡推行塑料袋禁用令，但失败了。

2019 年 8 月，一项针对塑料袋的新禁令在全国实施，政府提出使用可生物降解的袋子作为塑料袋的替代品。但巴基斯坦成千上万人的工作和收入直接或间接依赖塑料袋产业，这项禁令的实施对各地政府而言是一项巨大的挑战。

©Shutterstock/

沙特阿拉伯

沙特阿拉伯从 2019 年 12 月开始严格实施塑料管制措施，要求塑料袋和塑料餐具、塑料包装等需以政府认可的热氧化降解塑料制成。热氧化降解塑料也是由聚合物（如聚乙烯、聚丙烯、聚苯乙烯）制成的，但含有一种降解催化剂，这使其比普通塑料降解得更快。

©Shutterstock/

经年的努力

◆ 2020 年

巴布亚新几内亚
全国禁止使用一次性塑料袋。

墨西哥
墨西哥城禁止使用一次性塑料袋。

英国
4 月：禁止使用一次性塑料制品，如吸管、搅拌棒、棉签等。

亚洲首屈一指的潜水中枢
亚洲规模最大、运营时间最长的潜水博览会

帕斯夸莱·瓦萨洛/摄

新加坡海洋周
ADEX
OCEAN VISION
为了无塑料的未来海洋

亚洲潜水展

新加坡旅游奖
2018年度最佳展览组织者

www.adex.asia

2021年 4月9日~11日
滨海湾金沙酒店
新加坡

国际品牌

不仅各国政府正在改变相关环境保护政策，一些国际品牌也已经开始生产环境友好型产品，推崇可持续发展理念。让我们为在环保方面做出积极努力的品牌、非政府组织、非营利组织、科技公司喝彩！在此分享几个令人印象深刻、鼓舞人心的案例。

零售业和时尚业

宜家

宜家（IKEA）是率先不使用塑料袋的企业之一。宜家的措施是顾客需自备购物袋或以 59 美分（1 美分约等于 0.066295 人民币）购买宜家的蓝色购物袋。92% 的宜家顾客选择可重复使用的购物袋，不使用塑料袋。这一措施一直实施至今。宜家决定2020 年后不再生产一次性塑料制品。

92%
的宜家顾客选择可重复使用的购物袋

埃韦兰斯

埃韦兰斯（Everlane）再生系列夹克和毛衣的原料来源于回收的塑料瓶。埃韦兰斯推崇可持续发展理念，并于 2018 年开始逐步使用一次性塑料制品的替代品，截至 2019 年 3 月，埃韦兰斯的办公场所和商店的一次性塑料制品的使用量比之前降低了 50%。

在埃韦兰斯的办公场所，聚酯纤维制品取代了
50%
的一次性塑料制品

瑞弗梅申

作为好莱坞一线演员钟爱的女装品牌，著名女装时尚品牌瑞弗梅申（Reformation）努力寻求更环保的方法，找到了环境友好型原料，为改变塑料垃圾、尼龙垃圾流入海洋的现状做出了贡献。该品牌使用 Econyl 再生尼龙，生产面料时不需要使用新原料，有效减少了垃圾的产生。该品牌还使用了回收的渔网、地毯绒毛、碎布料等做成面料。

ECONYL
再生尼龙

艾蒂克

艾蒂克（Ethique）这个美妆品牌为美妆界带来了革命性变化，是第一个真正做到"零废弃物"的品牌。这个品牌由布里安娜·韦斯特创立，受到阿什顿·库彻、布兰妮·斯皮尔斯等明星的热烈追捧。艾蒂克的洗发、护发用品是条状或块状固体，而非盛在塑料瓶里的液体，同时使用了可降解材料进行包装。

全世界每年被丢弃的装洗发水和护发素的塑料瓶多达
800亿个

经年的努力

2008年	2009年	2010年	2012年
宜家 **IKEA**	瑞弗梅申 **Ref**	埃韦兰斯 **EVERLANE**	艾蒂克 **ethique**
瑞典	美国	美国	新西兰
宜家在全球的商场和餐厅逐步停止使用一次性塑料袋。	创始人雅艾尔·阿夫拉洛为好莱坞带来了可持续发展的新时尚。	开创了用回收的塑料瓶制作外套的先河。	世界上首个"零废弃物"美妆品牌。

阿迪达斯和为海洋谈判

阿迪达斯（Adidas）与环保组织为海洋谈判（Parley for the Oceans）合作，致力于把海洋塑料垃圾变成时尚运动鞋，阿迪达斯和为海洋谈判联名款环保系列运动鞋就是本次合作的成果。这个系列的运动鞋使用的材料是从沙滩和海岸线回收的海洋塑料垃圾，通过加工再生为尼龙纱线。

阿迪达斯通过与环保组织合作，阻止了2810吨塑料垃圾流入海洋。2019年，阿迪达斯承诺用回收的海洋塑料垃圾制造1100万双运动鞋。阿迪达斯的目标是从2024年起不再使用聚酯纤维。

法瑞尔·威廉姆斯和吉斯达

格莱美奖获奖者法瑞尔·威廉姆斯与牛仔品牌吉斯达（G-Star RAW）携手合作推出 RAW for the Oceans 系列服装并获得成功后，又推出海洋塑料时尚系列。这一系列牛仔服是用从海洋里回收的塑料垃圾和其他材料制成的，使用的面料是由创新面料品牌 Bionic Yarn 和环保组织为海洋谈判合作开发的新型面料。吉斯达的总监弗鲁克·布鲁因斯马说："成功推出 RAW for the Oceans 系列服装，使吉斯达成为第一个用回收的海洋塑料垃圾制成牛仔布的公司。从现在开始，我们将把该系列中10%的聚酯纤维也替换为再生纤维。我们希望在可持续发展的创新过程中不断进步，并与塑料汤基金会（Plastic Soup Foundation）合作解决超细纤维导致的问题。只有世界各地志同道合的组织与个人携手共进，才能改变世界。欢迎大家加入我们。"

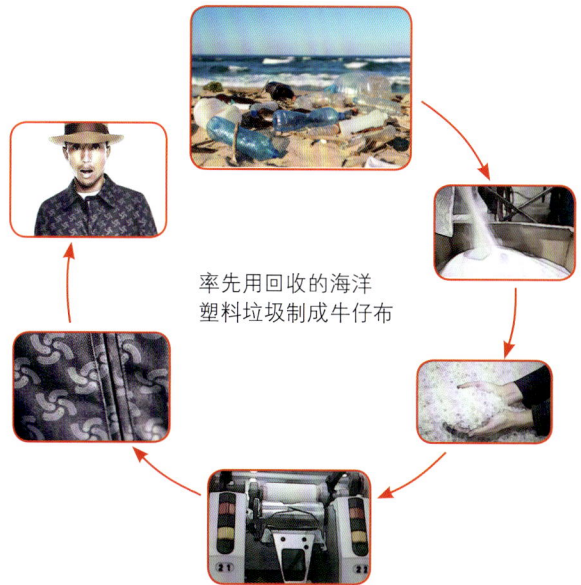

率先用回收的海洋塑料垃圾制成牛仔布

2015年	2016年		2018年
阿迪达斯和为海洋谈判	**法瑞尔·威廉姆斯和吉斯达**	**肯德基**	**依云**
全球	从荷兰至全球	新加坡	从法国至全球
将塑料垃圾变成运动鞋。	用海洋塑料垃圾制作时装。	提供可重复使用的餐具。	承诺从2025年起只使用可再生塑料瓶。

普拉达

历史悠久的时尚品牌普拉达（Prada）于 2019 年年中启动了再生尼龙项目，推出了一系列由 Econyl 再生尼龙制成的再生尼龙包袋。由意大利 Aquafly 公司发明的 Econyl 再生尼龙纱线由废弃合成物，如工业塑料、废旧织物、废弃渔网等制成。普拉达的最终目标是 2021 年年底前用再生尼龙替代所有原生尼龙。

为了帮助普拉达实现可持续发展这个宏伟目标，法国东方汇理银行为普拉达提供了为期 5 年共 5000 万欧元的贷款，这在奢侈品行业是有史以来的第一次。贷款计划约定，如果普拉达实现可持续发展目标，东方汇理银行可以下调贷款利率。

获得为期

5年

共 5000 万欧元的贷款以实现可持续发展目标

优衣库

从 2019 年 9 月初开始，优衣库（Uniqlo）的店铺减少使用一次性塑料制品，并逐步停用塑料购物袋；优衣库公司办公时也开始使用森林管理委员会（FSC）认证的纸张或者再生纸。

优衣库还着手减少某些商品，比如家居拖鞋的塑料包装，并致力于为产品寻找更环保的包装材料。优衣库在销售环保布袋的同时，还开始向顾客有偿提供纸质购物袋。

2020年

优衣库努力减少使用一次性塑料制品，如衣架、尺码标签以及在物流过程中使用的塑料包装

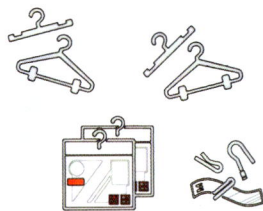

体育界和娱乐界

托特纳姆热刺足球俱乐部

位于伦敦北部的托特纳姆热刺（Tottenham Hotspur）足球俱乐部决定在新球场上不再使用塑料制品，希望此举可以鼓励俱乐部庞大的粉丝群共同参与"零塑料"行动。这个拥有 62000 个座位的新球场将禁止使用塑料餐具、搅拌棒、吸管及塑料包装，用可生物降解的袋子替代塑料袋。俱乐部与供应商签订的合同中包含限制使用塑料的条款。

拥有

62000个

座位的新球场将禁止使用塑料餐具、搅拌棒、吸管及塑料包装

皇家马德里足球俱乐部

西班牙皇家马德里（Real Madrid）足球俱乐部与阿迪达斯和环保组织为海洋谈判合作，制作了一款珊瑚主题的新球衣。这款球衣所用的面料由从海洋或近海陆地上回收的塑料制成，旨在让人们意识到全球海洋塑料污染的严重性。这是 2018–2019 赛季西班牙足球甲级联赛中皇家马德里队的第三套队服。

"球衣独特的颜色代表珊瑚的色彩，表达海洋之美，并对海洋表示敬意。海洋需要我们的保护。"阿迪达斯公司表示。

经年的努力

◆ 2018年

雀巢	迪士尼公司	The Walt Disney Company	托特纳姆热刺足球俱乐部
瑞士	美国		英国
推出可重复利用或可回收利用的产品包装。	减少塑料垃圾。		提出球场"零塑料"理念。

迪士尼

从 2018 年 7 月至 2019 年年中，全球的迪士尼乐园度假区因禁用一次性塑料吸管和搅拌棒，减少了 1.75 亿支吸管和 1300 万支搅拌棒的塑料垃圾。时任迪士尼乐园、体验及产品业务主席的鲍勃·查佩克说："禁用塑料吸管及其他塑料制品，体现了我们一直以来对环境保护的承诺。这个面向全球的新措施可以减少生态足迹，使可持续发展的目标更进一步。"

除了减少使用一次性塑料制品，迪士尼公司还计划把酒店和游轮的洗漱用品改为可补充的包装。这一方案大概可使客房产生的塑料垃圾减少 80% 左右。为了减少塑料垃圾，迪士尼公司还将为顾客提供可重复使用的袋子，并在经营场所杜绝聚苯乙烯水杯。

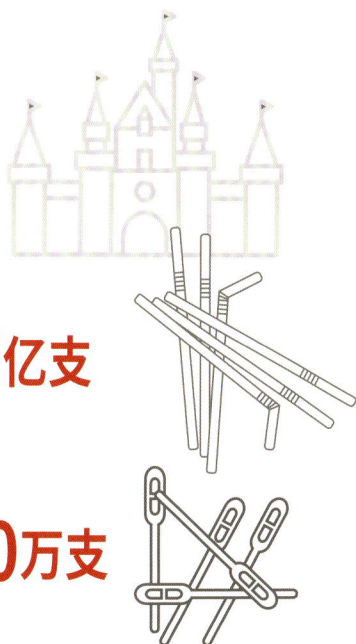

1.75亿支
吸管

1300万支
搅拌棒

皇家马德里
足球俱乐部
西班牙
皇家马德里球队新队服的面料由回收塑料制作而成。

瑞安航空
全球 RYANAIR
瑞安航空签订了一项环保协定，在瑞安航空的办公场所和航班减少使用不可生物降解塑料。

快消品

依云

这家矿泉水公司正朝着"碳平衡"和"零塑料"的方向步步迈进。2017 年，作为试点，依云（Évian）公司建了一个"零碳排放"的矿泉水灌装厂，希望可以成为在瓶装水产业中率先做出改变的企业。

依云承诺从 2025 年起只生产可再循环的瓶子，并在艾伦·麦克阿瑟基金会（Ellen MacArthur Foundation）的帮助下，逐渐从线性模式过渡到循环模式。依云还与威立雅（Veolia）环境集团合作，加快矿泉水瓶回收再利用的进程，确保矿泉水瓶不流入海洋。

依云承诺
从2025年起
只生产可再循环的瓶子

雀巢

这家全球最大的食品公司宣布，将在 2025 年前将所有产品的包装材料替换为可重复使用或可回收利用的材料。雀巢（Nestlé）公司在 2019 年初就开始行动，所有产品不再提供塑料吸管。雀巢公司希望其产品包装不会变成垃圾，不会堆积在垃圾填埋场。雀巢公司计划将其巧克力产品的塑料包装最终用纸质包装取代。雀巢公司还计划将饮料的包装由塑料包装改为纸盒包装。

从2025年起
雀巢产品的包装均可重复使用或可回收利用

肯德基的禁塑行动

从 2016 年 12 月开始,肯德基(KFC)在堂食中逐步减少使用纸盒,之前的纸盒被改为可重复使用的餐篮。2017 年,早餐盘和粥碗不再使用泡沫塑料材质的,而改为可回收的纸质的。肯德基的这些努力在 6 个月内减少了 250 万个纸盒和 70 多万套泡沫塑料包装的消耗。从 2018 年 6 月起,为了进一步减少一次性塑料制品的消耗,新加坡肯德基公司宣布 84 家分店不再提供塑料吸管和饮料杯盖。

减少了
70多万套
泡沫塑料包装的消耗

麦当劳

2019 年 9 月,新加坡的部分麦当劳(McDonald's)不再提供塑料吸管,部分一次性塑料制品也改为有利于环境的替代品。麦当劳将这一举措试行了一个月,了解了顾客的感受。随后,新加坡的 10 家分店把盛装"麦旋风"的塑料杯碟改为食品级纸包装,餐具、搅拌棒也改为木制的。

一位麦当劳发言人表示,暂时不会提供吸管的替代品,他们想先观察顾客的反应。他说:"在做决定前,我们会密切关注顾客的感受和反应,以判断在新加坡门店全面推行这一举措的可行性。"这是麦当劳为变得更"绿色"而做出的努力,他们希望在食品包装、能源使用效率、垃圾管理和餐厅设计方面逐步推行可持续发展理念。

10家
分店把盛装"麦旋风"的塑料杯碟改为食品级纸包装

经年的努力

◆ **2018年**　　◆ **2019年**

美国航空	嘉士伯 Carlsberg	普拉达 PRADA MILANO	优衣库 UNIQLO
从美国至全球	全球	从意大利至全球	从日本至全球
飞机上禁止使用吸管和搅拌棒。	包装时不再使用塑料环。	第一个为实现可持续发展目标而贷款的时尚品牌。	承诺店铺内减少使用一次性塑料制品。
American Airlines			

可口可乐

2018 年，可口可乐公司（Coca-Cola）宣布要在 2030 年前回收售出的每一个瓶瓶罐罐。为了响应"零垃圾世界"的倡议，可口可乐公司尝试改变现行包装的"生命循环"系统。可口可乐公司现在专注于研发 100% 可回收包装，并努力减少瓶子中的塑料成分。

100%
可回收包装正在研发中，
以减少塑料垃圾

星巴克

星巴克（Starbucks）决定在 2020 年年底前实现全球所有门店禁用一次性塑料吸管，让顾客享用"零塑料"咖啡时间。新的可回收直饮杯盖和其他材质的吸管将代替一次性塑料吸管。虽然这一举措将使星巴克每年减少约 10 亿根塑料吸管的消耗，但推行可回收直饮杯盖这一想法未必能贯彻实施，毕竟全球只有不到十分之一的塑料制品会被循环利用。

不再使用一次性
塑料吸管
改用其他材质的吸管和可
收直饮杯盖

嘉士伯

从 2018 年下半年开始，丹麦啤酒生产商嘉士伯（Carlsberg）在行业中率先弃用包装上的塑料环。如今，嘉士伯一组啤酒罐由可再生黏合剂固定在一起。由此，嘉士伯公司每年少用 1200 吨塑料，相当于 6000 万个塑料袋。同时，嘉士伯在多组啤酒罐的包装中使用的塑料也减少了 76%。

每年少用
1200吨
塑料

健力士

2019 年 4 月，健力士（Guinness）啤酒的英国母公司帝亚吉欧宣布，将去除啤酒包装中所有塑料制品，取而代之的是可生物降解的材料或可循环利用的纸板。新包装于 2019 年 8 月上市，2020 年推广至英国及全球市场。

"260 多年以来，健力士在帝亚吉欧公司一直拥有重要地位。我们在爱尔兰的都柏林拥有可持续发展的酿酒厂之———圣詹姆士门酿酒厂，今后我们在可持续发展包装方面也要领先。"帝亚吉欧啤酒、百利甜酒及斯米诺伏特加的全球负责人说。

包装时
不再
使用塑料环和
收缩膜

平价超市

自 2019 年 9 月 4 日起，新加坡的连锁平价超市（FairPrice）的 7 家店铺开始对塑料购物袋收费。在此之前，该超市也举行过"无塑料袋"活动，鼓励顾客使用自己的袋子。

平价超市的塑料袋的销售收入将捐赠给新加坡儿童会和《海峡时报》学校零用钱基金。

继"无塑料袋"
活动后

7家

平价超市开始对
塑料购物袋收费

联合利华，多芬

2019 年 10 月，美容护肤品牌多芬（Dove）宣布，计划在 2020 年底前将其美容产品的包装改为 100% 可再循环的塑料瓶和非塑料包装。多芬的母公司联合利华（Unilever）公司预计，这项措施实施后，原生塑料的使用量每年将至少减少 20500 吨。联合利华承诺，将积极参与塑料循环经济的创建，让塑料得到合理回收和利用。

原生塑料的使用量
每年将至少减少

20500吨

航空公司

瑞安航空

瑞安航空（RyanAir）提出要打造最环保的"绿色航空"，为此出台了一项 5 年环保计划，办公场所和航班上减少使用不可生物降解的塑料制品。瑞安航空首席营销官肯尼·雅各布斯说："这项环保计划的出台让我们非常高兴，我们将在未来 5 年内逐步减少直至不再使用任何不可回收的塑料。"

美国航空

这家全球最大的航空公司在其所有航班中已经不再使用塑料吸管和搅拌棒。在实施这项措施前，美国航空（American Airlines）的休息室中已经停止使用塑料餐具，并改用可生物降解的吸管和木质搅拌棒。机组人员的休息室中也改用环境友好型餐具，外带食品时使用可循环使用的袋子。美国航空预计这项措施的实施每年将至少减少 32 吨塑料垃圾。

每年将至少减少

32吨

塑料垃圾

经年的努力

◆ **2019年**

FAIRPRICE 超市	可口可乐 Coca-Cola	健力士 GUINNESS	联合利华，多芬 Unilever
从新加坡至亚洲	从英国至全球	从爱尔兰、英国至全球	从英国至全球
推行付费使用塑料袋。	回收利用塑料瓶，制作成新包装。	用可回收材料取代塑料包装。	改用 100% 可再循环的塑料瓶和非塑料包装
FairPrice			

阿联酋航空

阿联酋航空（Emirates）承诺航班上减少使用一次性塑料制品，将塑料吸管替换为纸质吸管，弃用塑料搅拌棒。2017 年，阿联酋航空的经济舱推出了使用了 ecoTHREAD™ 专利技术的毯子，每条毯子的原料源于 28 个回收塑料瓶。阿联酋航空的这一举动已使 8800 万个废弃的塑料瓶得以再利用。

每年减少

8170万件

一次性塑料制品

阿提哈德航空

2019 年 4 月，阿提哈德航空（Etihad Airways）成为海湾地区第一家航班上不使用一次性塑料制品的航空公司。这一举措源于世界地球日引发的思考，阿提哈德航空希望这一举措可以激发公众的环保意识。阿提哈德航空承诺：至 2022 年，航班上和办公场所一次性塑料制品的使用量共计减少 80%。

一次性塑料制品
的使用量减少

80%

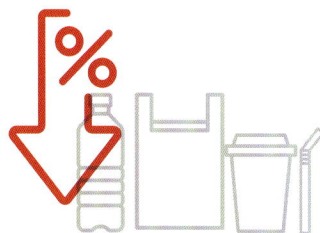

芬兰航空

芬兰航空（FinnAir）决定从 2020 年起将经济舱的一次性塑料餐具替换为更环保的餐具，这一做法将使芬兰航空每年少消耗 53 吨塑料。芬兰航空计划至 2022 年底一次性塑料制品的使用量共减少 230 吨。

2019 年减少使用

80吨

塑料

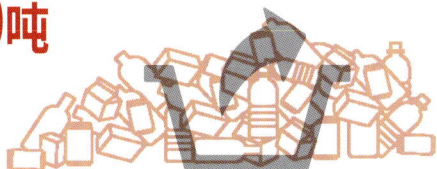

新加坡航空

2019 年 3 月 21 日，新加坡航空（Singapore Airlines）宣布：航班上减少使用一次性塑料制品，以可持续发展的餐具替代原来的餐具；至 2019 年 9 月，航班上完全不提供塑料吸管。这些举措使得新加坡航空每年少消耗 82 万根塑料吸管。

每年少消耗

82万根

塑料吸管

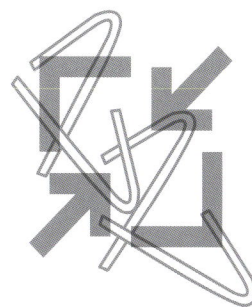

阿联酋航空 Emirates	芬兰航空 FINNAIR	阿提哈德航空 ETIHAD AIRWAYS	新加坡航空 SINGAPORE AIRLINES
全球	全球	全球	全球
承诺航班上减少使用一次性塑料制品。	实施"减少垃圾"计划。	成为海湾地区第一家航班上不使用一次性塑料制品的航空公司。	航班上减少使用一次性塑料制品。

澳洲航空

澳洲航空（Qantas）是第一家开展不产生填埋垃圾行动的航空公司，决定于2020年底前使一次性塑料制品的使用量减少1亿件；至2021年底，垃圾产生量减少75%。约1000种一次性塑料制品已经不再使用或被可持续发展产品替代。

约1000种
一次性塑料制品已经不再使用或被可持续发展产品替代

亚洲潜水展

亚洲潜水展（ADEX）是亚洲历史最久、规模最大的潜水展会之一，从2019年开始，展会会场不再提供一次性塑料制品，成为第一个支持"无塑料海洋及环境"的潜水展会。亚洲潜水展与新加坡的艾尔艾尔项目（Ayer Ayer Project）合作，在展会会场设置饮水站，向观众免费提供饮用水，2019年亚洲潜水展一次性塑料瓶的使用量因此减少了8000个。同年，亚洲潜水展发起了"海洋公民"倡议，呼吁人们不使用一次性塑料制品，这个倡议得到了新加坡亚洲潜水展水下摄影大使王觐程、媒体名人丹尼丝·凯勒、中国香港演员曾志伟、印度女演员帕里尼蒂·乔普拉的支持。亚洲潜水展承诺：在2021年底前实现完全不使用一次性塑料制品的目标。

亚太农产品市场营销协会是在联合国粮农组织支持下成立的非营利组织，该协会授予亚洲潜水展"可持续发展海洋大使"称号。

2021年
亚洲潜水展实现"零塑料"

进入垃圾填埋场或流入海洋的塑料瓶将至少减少
5000个

经年的努力

◆ 2019年

澳洲航空
全球 QANTAS
第一家减少使用一次性塑料制品的航空公司。

亚洲潜水展
从新加坡至全球
展会会场不提供、不使用塑料瓶，实现"零一次性塑料"。"海洋公民"倡议发起人约翰·赛特率先提出了举办"零一次性塑料"潜水展会的想法。

◆ 2020年

星巴克
全球
用由可回收材料制作的吸管替代塑料吸管。

蓝色经济与蓝色金融

保护海洋，开发和利用海洋资源时要取之有道，实现可持续发展，这是蓝色经济的理念。据估计，海洋每年可创造 1.5 万亿美元的财富，堪称全球第七大经济体。蓝色金融，尤其是蓝色债券，是一种创新的、为蓝色经济融资的手段，募集的资金仅用于对海洋友好的、可持续发展型海洋经济项目。以下是四大蓝色金融资源。

为可持续发展的蓝色经济融资的倡议

联合国环境规划署（UNEP）发起了以蓝色金融支持可持续发展的蓝色经济的倡议，致力于让银行、保险公司以及投资者了解各自在支持海洋生态健康方面扮演的角色，并为它们提供关于融资的框架性指导，使资金和保险服务于保护海洋健康，以实现海洋蓝色经济的发展。

循环资本海洋基金会

循环资本（Circulate Capital）是一家投资管理公司，为南亚和东南亚一些致力于减少海洋塑料垃圾的公司提供担保、进行融资。循环资本海洋基金会（Circulate Capital Ocean Found，简称 CCOF）是世界上第一家专门应对亚洲塑料危机的投资基金会，也是东盟大型风险投资基金会之一。

发现
200个
潜在投资机会

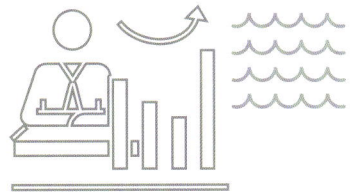

多捐助方信托基金

2018 年，世界银行设立了多捐助方信托基金（PROBLUE），用于支持海洋和沿海资源实现健康与可持续发展。这一信托基金还用于支持第 14 号联合国可持续发展目标的实施，其宗旨与世界银行消除极端贫困、提高贫困人口收入和福利的宗旨一致。

截至 2020 年 3 月，共计
56亿美元
的项目正在进行中

终结塑料垃圾联盟

终结塑料垃圾联盟（Alliance to End Plastic Waste）由 40 多家公司组成，在应对塑料垃圾方面已投入 10 多亿美元，并计划在未来 5 年内继续投资 15 亿美元以减少塑料垃圾。终结塑料垃圾联盟与各级政府和民间组织合作，不断寻求新方法，提出新设想，支持在减少塑料垃圾方面的创新性行为，鼓励人们为旧塑料找到更好的回收利用方式。

在未来 5 年内继续投资
15亿美元
以减少塑料垃圾

◆ 2018年

联合国环境规划署
全球
发起以蓝色金融支持可持续发展的蓝色经济的倡议。

多捐助方信托基金
全球
支持海洋和沿海资源实现健康与可持续发展。

◆ 2019年

循环资本海洋基金会
全球
为致力于减少和消除海洋塑料垃圾的行动提供资金支持。

终结塑料垃圾联盟
全球
为减少塑料垃圾、实现可持续发展寻求解决方法。

非政府组织和非营利组织

很多组织都在为营造健康的、可持续发展的、无塑料的环境不懈努力，我们从中选出了一些在这方面承担了重要角色的非政府组织和非营利组织，以了解它们所做的工作。

绿色和平组织

绿色和平组织（Greenpeace）是一个非政府环保组织，在 50 多个国家和地区设有分支机构。绿色和平组织 20 世纪 70 年代成立于加拿大温哥华，现总部位于荷兰阿姆斯特丹。绿色和平组织成立至今已 50 年，成员们为了环境问题奔走于世界各地。绿色和平组织有属于自己的船，分别是极地曙光号（Arctic Sunrise）、希望号（Esperanza）和彩虹勇士号（Rainbow Warrior）。绿色和平组织为保护环境做出了很大贡献，比如阻止有关国家在太平洋进行核试验、统计海洋里的塑料数量、研究北极的气候变化、阻止非法砍伐的木材离开亚马孙河流域、向受极端天气影响的地区提供救济、与西非地区的政府合作阻止非法捕鱼行为等。

50年来

为改善世界各地的环境问题不懈努力

海洋保育协会

比尔·卡尔达什创立的海洋保育协会（Ocean Conservancy）致力于保护海洋免受来自各方面的威胁。该协会的目标是借助科学的方法保持清洁的海洋环境，保护野生动物和其他群体的栖息地。该协会将政策与科学相结合，不断寻找创新性解决方案，化解北极、墨西哥湾等地区的环境面临的威胁，维护可持续发展的海洋环境。海洋保育协会的工作范围广泛，包括缔造无垃圾海洋、参与智慧海洋规划、帮助政府科学决策等。

海洋守护者协会

由保罗·沃森创立的海洋守护者协会（Sea Shepherd Conservation Society）的初衷是保护所有海洋生命。该协会的主要工作是在全球范围内曝光及阻止破坏海洋生物及其栖息地的行为。该协会的成员们在世界各地，如贝宁、厄瓜多尔、加蓬、印度尼西亚、意大利、利比里亚、墨西哥、纳米比亚以及其他国家和地区打击偷猎者，保护生物的栖息地，包括阻止盗猎行为、扣押偷猎船只、没收非法渔网等。该协会因其出色表现，被厄瓜多尔政府授予"亚马孙和平奖"，被利比里亚政府授予"杰出服务勋章"。

经年的努力

◆ 1971年	◆ 1972年	◆ 1977年	2001年	
绿色和平组织 加拿大 GREENPEACE	**海洋保育协会** 美国	**海洋守护者协会** 加拿大 SEA SHEPHERD	**世界海洋保护组织** 美国 OCEANA	**海洋基金会** 美国 THE OCEAN FOUNDA...
倡导保护环境，包括不滥用塑料制品。	倡导为海洋动植物打造洁净的生存环境。	阻止非法海洋捕捞等行为，保护野生动物免受威胁。	专注于保护海洋。	关注海岸和海洋环境，保护海洋生物的栖息地。

世界海洋保护组织

世界海洋保护组织（Oceana）是全球最大的海洋保护组织。该组织的全球性行动颇具战略性且直截了当，旨在快速取得海洋保护成果，让海洋更富饶、更有生机、生物多样性更丰富。该组织开展了"拯救海洋""哺育地球""打击海鲜欺诈"和"负责任地捕鱼"等行动，为保护海洋做出了贡献。

全球性行动

让海洋更富饶、更有生机、生物多样性更丰富

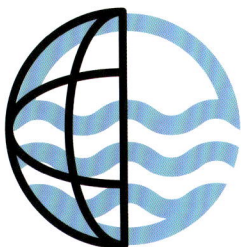

海洋保护协会

海洋保护协会（Ocean Preservation Society）制作了与海洋有关的影片，通过视觉展示唤起人们保护海洋的意识，激励人们开展行动，并与其他合作伙伴就打造可持续发展的未来共同努力。海洋保护协会的目标是通过记录人类对环境的影响和破坏行为，为沉默的大自然发声，并通过视觉媒体激发创新性解决方案。海洋保护协会拍摄的电影有《海豚湾》（*The Cove*）、《竞相灭绝》（*Racing Extinction*）和《突出变化》（*Projecting Change*）。

海洋基金会

海洋基金会（The Ocean Foundation）是唯一一家基于社群的基金会，致力于加强、协助、鼓励大众改善海洋环境，改变被破坏的海洋环境现状。与海洋基金会合作的几个捐赠方非常关心海岸和海洋的健康。海洋基金会的工作内容包括进行免费专业咨询、经费赞助、拨款资助、能力建设、研究和咨询。海洋基金会三分之二的拨款和支持工作都用于美国以外的其他地区，并在各大洲、七大洋的大部分地区开展了数个项目。

塑料污染联盟

塑料污染联盟（Plastic Pollution Coalition）由利萨·卡斯·博伊尔、黛安娜·科恩、朱莉·科恩、曼纽尔·马克达、丹妮拉·拉索共同创立，关注个人、组织、政策制定者的行动以及商业行为，努力打造一个"零塑料"世界。该联盟通过"最后一根塑料吸管"（The last Plastic Straw）和"汉娜之改变"（Hannah4Change）等项目，在全球范围内倡导治理所有形式的塑料污染。

◆ 2005年	◆ 2009年		◆ 2011年	◆ 2014年 →
海洋保护协会	**塑料污染联盟**	**5 环流** 5GYRES	**阿夸帕克** aquapak	**巴哈马塑料运动**
美国	美国 plasticpollutioncoalition	美国	加拿大、英国及欧洲其他国家	巴哈马及北美洲部分地区
通过视觉媒体唤醒人们保护海洋的意识。	致力于打造一个"零塑料"世界。	关注塑料污染，以保护环境为己任。	开发了一种新型聚合物，有利于发展循环经济。	专注于减少塑料污染和提高公众的环境保护意识。

5 环流

5 环流（5 Gyres）是环保组织摆脱塑料（Break Free From Plastic）的成员，目标是保护环境，号召各环保组织共同应对塑料污染。5 环流也为塑料污染联盟提供资金支持。自 2017 年起，5 环流开始为联合国经济及社会理事会提供咨询。

巴哈马塑料运动

巴哈马塑料运动（Bahamas Plastic Movement）组织位于巴哈马南伊柳塞拉区，工作重点是减少该区域的塑料污染。为实现这个目标，该组织的创始人克里斯塔尔·安布鲁瓦兹专注于使年轻人更多地参与减少塑料污染的行动。巴哈马塑料运动组织的工作包括开展研究和科普教育，甚至为国家环保政策的制定提供支持。

阿夸帕克

阿夸帕克（AQUAPAK）针对海洋塑料污染危机给出了解决方案。阿夸帕克开发了一种可生物降解的聚合物，既解决了包装在功能上的需求，又可以循环使用，非常环保。阿夸帕克研发的 Hydropol 复合材料对海洋和陆地环境无毒无害，可应用于各行各业，如服装行业、医院、酒店、餐饮和航班上，以及宠物行业使用的服装包装袋、防感染处置袋、洗衣袋、食品垃圾收集袋、围裙、宠物食品包装袋等。

塑料汤基金会

为了让地球水体摆脱塑料污染，塑料汤基金会（The Plastic Soup Foundation）不断向大众讲述塑料与人类的关系，曝光塑料污染导致的严重问题。塑料汤基金会开展的项目涉及健康、微塑料、垃圾和教育等不同领域。

塑料海洋

塑料海洋（Plastic Oceans）组织在全球引起了关注。该组织于 2016 年成为一家非营利组织，发行了影片《塑料海洋》（A Plastic Ocean）并获奖。该组织开展的项目包括制作电影和其他数字内容、进行教育培训、设立饮水站。该组织还开展了"打击海洋塑料"的活动，引发人们直面塑料污染问题，对塑料引发的问题进行反思，改变自己的日常行为。

经年的努力

◆ 2014年

塑料汤基金会 PLASTIC SOUP
从荷兰至欧洲
通过宣传活动展示塑料和人类的关系。

◆ 2016年

塑料海洋 PLASTIC OCEANS
从美国至北美洲
让全球的人们反思关于塑料和塑料污染的问题。

垃圾英雄 TRASH HERO WORLD
从印度尼西亚至亚洲
强化人们的环保意识并使人们付诸行动。

◆ 2018年

告别塑料 BYE BYE PLASTIC BAGS
从印度尼西亚至亚洲
倡导减少使用一次性塑料袋，教育年轻一代减少制造塑料垃圾。

垃圾英雄

垃圾英雄（The Trash Hero）的使命是联合各个社区，共同致力于减少垃圾，使地球更清洁。该组织通过宣传环保理念、推动环保教育、开展可持续发展的项目，以打动人心的内容和形式影响大众。该组织提出了每周清理的倡议，包括清理和回收可重复使用的瓶子、袋子及清理社区垃圾等。

告别塑料

告别塑料（Bye Bye Plastic）这个非政府组织位于印度尼西亚巴厘岛的巴东县，致力于使人们减少使用一次性塑料袋，并教育年轻一代认识到日益严重的塑料问题。该组织试图通过开展教育活动和参与政治会议改变塑料垃圾的现状，开展的活动有"母亲山"（Mountain Mamas）、"每岛一声"（One Island One Voice Sati Palau Satu Suara）、"河流爆炸"（River Booms）、"先锋村落"（Pilot Village）等，还为小学生编写了环保教育小册子。

引导大众
引导大家认识到目前普遍存在的塑料问题及其严重后果

世界自然基金会净塑城市知识共享平台

净塑城市（Plastic Smart Cities）是一个关于塑料的知识共享平台，各参与方抱着共同打造"零塑料海洋"的目标聚集到一起。该平台的建立源于世界自然基金会的"没有塑料的未来"的宣传活动，该活动尝试用可持续发展的方式应对塑料问题，提出了到2030年让人们完全摆脱所有形式的塑料的倡议。支持这一倡议的城市和地区有：欧洲的阿姆斯特丹、奥斯陆、尼斯、伊兹密尔、泰国的芭东、菲律宾的董索、越南的富国岛，以及各个支持联合国人类住区规划署相关工作的城市。

汀娜湾研究教育保护中心

汀娜湾研究教育保护中心（ADRECC）位于东婆罗洲的汀娜湾（Ara Dinawan）岛，专注于保护海洋生物和海洋环境。该中心由热爱大自然的潜水者和环境保护热心人士创立，其使命是为下一代留下绿色的海洋环境。该中心的工作内容包括珊瑚种植及保育、海龟孵化、保护鲨鱼和鳐鱼、进行水下摄影、珊瑚礁调查以及创办水果农场等。

2019年

世界自然基金会净塑城市知识共享平台

全球

分享塑料相关知识的平台。

2020年

汀娜湾研究教育保护中心

马来西亚、印度尼西亚及文莱

专注于保护海洋生物和海洋环境。

技术创新者以及环保新技术

一些国家和企业视塑料危机为契机，希望借此研发、制造出符合可持续发展理念的塑料替代品，或研发新技术以创新的方式重复使用或回收利用塑料，以及阻止塑料污染扩散。

再生技术公司

在印度做暑期工时，普里延卡·巴卡雅参与了麻省理工学院的一个电子废弃物项目。当时，她目睹了大量垃圾堆放在露天场所并被焚烧的场景，受此启发，她创立了再生技术公司（Renewlogy Technology）。再生技术公司专注于能源、海洋和"零废物"领域，研发塑料转化技术。为了保护海洋环境，再生技术公司提出把塑料废弃物转化为一种像柴油的燃料。除了这项主营业务，该公司还组织清理环境的活动，人们可以自愿参加，或捐款支持，以及以其他方式为解决塑料废弃物做出贡献。

环保组织为海洋谈判

面对日益增长的海洋塑料污染的威胁，环保组织为海洋谈判（Parley for the Oceans）提出了"Parley AIR（A: Avoid，避免；I: Intercept，拦截；R: Redesign，再设计）"这一应对策略。该组织认为塑料材质存在缺陷，要改变目前的塑料污染和塑料垃圾现状，只能对塑料材质进行创新性改造，让塑料变成可生物降解、对环境友好的材料。为了实践这一改造计划，该组织与有关品牌合作，致力于对海洋塑料垃圾进行升级改造，制造新材料。该组织与阿迪达斯合作推出了联名款海洋塑料运动鞋系列，与卡塔琳娜·格罗斯合作创作出了可持续发展的艺术作品。该组织还制作了"海与洋"（*Ocean 2 Ocean*）电视节目，举办了"世界清洁日"活动，创办了 Parley 海洋学校。

零废物
塑料转化计划

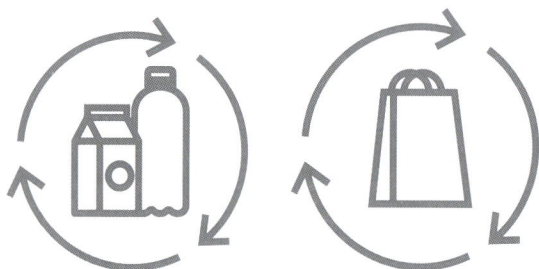

经年的努力

◆ 2011年	◆ 2012年	◆ 2013年	2015年
再生技术公司 ⊛ RENEWLOGY	**为海洋谈判** 🄿 **环保组织**	**塑料银行** 🌐plasticbank	**杜尼亚设计** Duniadesigns ℮
美国	从美国至全球	从加拿大至全球	坦桑尼亚
通过塑料转化计划，倡导"零废物"生活方式。	在全球开展可持续发展项目。	让人们尝试回收塑料废弃物，换成钱以改善生活。	设计和制作可持续发展的家具、装饰品等。

塑料银行

2013 年 3 月，戴维·卡茨和肖恩·弗兰克森创立了塑料银行（Plastic Bank）。该组织致力于从源头上阻止塑料流入海洋，其宗旨是发动 10 亿人回收塑料废弃物，换成钱以改善生活，从而减少流入海洋里的塑料垃圾。至今已有 4300 人参与回收活动，回收了 9000 多吨塑料，而这些塑料如果没有被回收，最终会流入海洋。塑料银行组织还开展了很多其他项目，比如呼吁人们加入保护环境的队伍、对人们进行环境保护教育，以及在海地、印度尼西亚、菲律宾等地开展环境保护活动。

回收了
9000多吨塑料

净洁柬埔寨

净洁柬埔寨（Cleanbodia）是另一个在环境保护方面提供创新且可持续发展的解决方案的组织。该组织在柬埔寨当地向人们提供以木薯为原料的、可生物降解的袋子，以使人们减少使用一次性塑料袋。以木薯为原料制成的袋子在水、泥土或垃圾堆里 5 年内便可降解。这种可生物降解的袋子与一次性塑料袋同样坚韧，不易变形或损坏。目前，净洁柬埔寨组织已与 180 多家柬埔寨环保企业合作，推广由木薯制成的袋子。

180多家
当地环保企业已加入了这一环保行动

杜尼亚设计

杜尼亚设计（Dunia Designs）是一家践行可持续发展理念的设计公司。这家设计公司利用回收的塑料废弃物制作出了风格独特的家具、装饰品等。该公司设计的所有产品，90% 的材料使用了升级改造或回收的塑料。杜尼亚设计公司不仅做到了每年成功利用 5 万亿个废弃塑料袋，而且致力于向人们宣传收集、反复利用、升级改造废弃物等环境保护理念。

648,989 plastic bottles

35 x HEIGHT OF MOUNT KILIMANJARO

UPDATED MARCH 2019

450,642 KG of plastic bags

WEIGHT OF **175 x** MATURE ELEPHANTS

UPDATED MARCH 2019

2016年		2017年	2018年	
净洁柬埔寨 cleanbodia	**重新改造** rePurpose	**4OCEAN** 4O	**垃圾袋** trshbg.com	**七大净洋** seven clean seas
柬埔寨	印度	美国	荷兰及印度尼西亚	新加坡
制造出一种可生物降解的塑料袋。	专注于废弃物的回收利用。	营利性公司，主要销售用回收材料制作的手链。	设计潜水和冲浪时所用的垃圾袋。	清理当地的大型海滩。

重新改造

重新改造（Repurpose）公司以更主动、更专注的方式回收利用垃圾。几个发达的西方国家将产生的大量垃圾运到了一些较贫困的亚洲国家，而这些亚洲国家已经疲于处理自己国内产生的过量垃圾。这种情况下，只有26%的塑料垃圾能够得到有效回收和利用，其他低价值塑料垃圾都被丢弃到了大自然中。重新改造公司尝试收集和重新利用这些低价值塑料垃圾，希望改变目前只有利润大的塑料才被回收利用的现状。迄今为止，该公司已经从海洋和垃圾填埋场拯救了51000千克塑料。该公司现有82位环境保护大使，他们正在尝试让印度及亚洲的垃圾回收业务变得更有价值。

从海洋和垃圾填埋场拯救了
51000千克
塑料

七大净洋

2018年7月，出于对海洋和海滩的热爱，汤姆·皮科克-纳齐尔和他的伴侣帕梅拉·科里亚创立了七大净洋（Seven Clean Seas）组织。每当他们出海，一定会收集海中的塑料垃圾。于是，他们想，如果发起并推广一项运动，就可以召集更多志同道合的人一起行动，使海洋环境得以改变。迄今为止，他们已经清理了新加坡海滩超过15000千克的垃圾。社区的人无论老幼都参与了清理海滩的活动。

清理了新加坡海滩超过
15000千克
的垃圾

垃圾袋

垃圾袋（Trshbg）公司成立于2018年5月，主要设计潜水和冲浪时所用的垃圾袋。这种垃圾袋的设计兼顾了舒适性和功能性，即使遇到强流也能稳妥地装垃圾。制作这种垃圾袋的原料80%为可回收材料，如废弃横幅、轮胎的内胎等。

制作垃圾袋的原料
80%
为可回收材料

经年的努力

◆ **2019年**

气泡屏障
荷兰
利用气泡屏障移除阿姆斯特丹运河中的塑料垃圾。

世界自然基金会"净塑城市"倡议
全球
呼吁人们携手，共同消除塑料污染。

◆ **2020年**

阿亚杯
越南
这款创新的、可重复使用的杯子用于像音乐节这样的大型活动，不失为可持续发展的生活方式之一。

新生油科技项目
新加坡
致力于将塑料垃圾转化为热解油，制造出可能代替化石燃料的新能源。

气泡屏障

气泡屏障（Great Bubble Barrier）是前所未有的创新方法，利用气泡屏障移除阿姆斯特丹运河中的塑料垃圾。这个方法可以防止运河中的塑料流入北海。阿姆斯特丹是全球首个用这种方法应对塑料污染的城市。

4OCEAN

4OCEAN这家公司位于美国佛罗里达州的博卡拉顿，主要销售用回收材料制作的手链。4OCEAN也销售其他用环保材料制作的产品。该公司的创始人是亚历克斯·舒尔策和安德鲁·库珀，他俩在印度尼西亚旅行时发现，当地渔民只有开船穿过海洋中的塑料垃圾才能到达开放水域，由此受到启发，创立了这家公司。

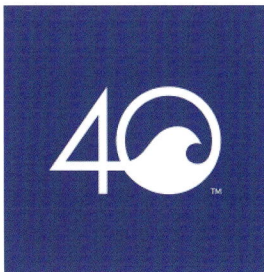

阿亚杯

阿亚（AYA）公司专注于制作可重复使用的杯子——阿亚杯（AYA Cup），这款杯子在东南亚举办的 2019 年 Epizode 音乐节上首次亮相，成功使此次音乐节一次性塑料杯的使用量减少了 30 万个。创始人林乐和她的团队为顾客创建了一种独特的保存及回收系统，使顾客可以安全地保存或妥善地处理水杯，从而减少废弃物。阿亚公司还向越南民众宣传以创新和可持续发展的方式解决塑料问题。

在 2019 年 Epizode 音乐节上使一次性塑料杯的使用量减少了

30万个

新生油科技项目

继新生水和新生沙之后，新生油（NEWOIL）是新加坡的下一个重点研究项目。此项目致力于将塑料垃圾转化为热解油，制造出可能代替化石燃料的新能源。新加坡环境及水源部高级政务部长许连碹说，新加坡需要强化化学回收产业，并提出在未来几年内构建化学回收产业链。

关注环保的名人

《亚洲潜水者》关注富有环保精神、致力于减少塑料污染的知名人士。

纳伦德拉·莫迪
印度

印度总理纳伦德拉·莫迪 2018 年获得了联合国地球卫士奖，同年获得此奖的还有法国总统埃马纽埃尔·马克龙。这个奖项肯定了莫迪在环境保护方面做出的努力。莫迪承诺印度从 2022 年起全面禁用一次性塑料制品。另外，莫迪牵头成立了国际太阳能联盟，该联盟致力于达成促进太阳能发展的全球性协议。

摩根·弗里曼
美国

摩根·弗里曼是奥斯卡金像奖获奖演员，并获得过 4 次奥斯卡金像奖提名。他也是世界海洋保护组织的高调支持者，曾两次作为特邀嘉宾出席世界海洋保护组织的筹款活动——海洋变化夏日派对（Sea Change Summer Party）。他还曾登上位于墨西哥湾的纬度号（Oceana Latitude）科考船，支持世界海洋保护组织为评估墨西哥湾漏油事件可能产生的长期影响而进行的科学考察。

米歇尔·巴切莱特
智利

在担任智利总统期间，米歇尔·巴切莱特建立了 3 个大型海洋保护区，保护区的覆盖面积达 100 多万平方千米。其中最大的海洋保护区是复活节岛海洋保护区，包括了复活节岛周围的大片海域；第二大海洋保护区是胡安·费尔南德斯群岛海洋保护区，距离首都圣地亚哥几百千米；第三个海洋保护区位于智利南端的迭戈拉米雷斯群岛周边海域。巴切莱特曾获得联合国授予的"政策领导力奖"。

理查德·布兰森
英国

英国慈善家、维珍集团创始人理查德·布兰森也是海洋长老（Ocean Elder）组织的成员之一。这个组织汇聚了一些具有影响力的人物，大家为海洋保护项目贡献出自己的力量。布兰森还创立了非营利组织海洋联盟（Ocean Unite），为环境保护公益组织筹款，为海洋研究和保护项目提供资金。海洋联盟的一个既定目标是到 2030 年使全球 30% 的海洋得到有效保护。

乔治亚·梅·贾格尔
英国

身为众所周知的海洋保护支持者，国际超模乔治亚·梅·贾格尔成了美国时尚品牌 Volcom 的泳装代言人。这个品牌推出了几项拯救海洋的环保举措，比如利用回收的塑料瓶及渔网生产泳装。该品牌与冲浪者基金会（Surfrider Foundation）、世界海洋日、夏威夷可持续发展海岸线（Sustainable Coastlines Hawaii）等环保项目和组织均有合作。

"绿色是新时尚。全球众多品牌不再局限于简单的回收，主动成为环保战士。"

阿夫罗斯·沙阿
印度

　　律师阿夫罗斯·沙阿是一位反塑料先锋，他曾发起了一场史上最大规模的净滩活动，并因此获得了联合国地球卫士奖的"激励与行动奖"。维索瓦海滩曾被 1.5 米高的垃圾堆覆盖，阿夫罗斯·沙阿从 2015 年起，每周都去清理海滩，他的行为带动了 20 余万名志愿者加入这项清理活动。至 2018 年 10 月，志愿者们共清理了 2 万吨垃圾，使维索瓦海滩焕然一新。之后，沙阿的团队开始清理孟买的其他地方，如米提河。

杰森·莫玛
美国

　　铝是世界上被回收利用最多的材料之一。杰森·莫玛创立的品牌 Mananalu 率先使用铝质材料制作纯净水的包装，他希望通过这一创新之举，改变世界各地用塑料制作饮用水包装的现状。

卡莉·克劳斯
美国

　　作为阿迪达斯形象代言人，著名时尚模特卡莉·克劳斯经常参与海洋环保组织为海洋谈判举办的活动，支持减少塑料垃圾。2018 年，她参与了阿迪达斯"为海洋而跑"的集体跑步活动，以提升人们保护海洋的意识。在一个月内，全球共有 924237 位跑者跑了 12402854 千米，阿迪达斯为此向为海洋谈判捐赠了 100 万美元。

杰克·约翰森
美国

　　著名创作型歌手杰克·约翰森在 2015 年被联合国环境署任命为亲善大使。他与妻子金携手创立了科库阿夏威夷基金会（Kokua Hawaii Foundation），支持当地的环境教育。他还创立了约翰森奥哈纳（Johnson Ohana）基金会，支持环境保护、艺术创作以及音乐教育。他所做的这些努力都是为了支持无塑料倡议、解决海洋塑料污染问题。

无与伦比的帕劳之美

西塔拉·乔希 / 文

帕劳在海洋保护和生物保育方面的创举激发了各方人士做出积极改变。

灰三齿鲨（白鳍礁鲨）摄食镰鱼　杰西·阿尔珀特 / 摄

帕劳位于西太平洋，由数百座岛屿组成，拥有迷人的沙滩、历史悠久的美丽村落以及令人惊叹的水下珍宝，是极具魅力的国度。

被璀璨的蓝色海洋环绕的帕劳是世界上海洋生物多样性最丰富的国家之一。2015年，帕劳颁布了《国家海洋保护区法案》，设立了范围广阔的海洋保护区，其面积位列全球第六。除此之外，帕劳还将其全部专属经济区划定为海洋保护区。

帕劳的海洋环境多种多样，有群礁、堡礁、内潟湖、海草床、海成湖以及红树林等，海洋中栖息着种类丰富的鱼、珊瑚、无脊椎动物、大型远洋动物以及其他生物，这些因素使帕劳成了亚太地区最受追捧的潜水目的地。

帕劳附近海域常有体形庞大的海洋生物，如鲸、鲨鱼、海豚和儒艮出没。帕劳尤其以种群丰富的鲨鱼而闻名，附近海域中生活着130多种鲨鱼。2009年，帕劳成为全球首个设立鲨鱼保护区的国家，禁止任何商业捕鲨活动。

除了保护独特的海洋生物多样性外，这个太平洋岛国还实施了严格的环境保护及生物保育措施，并以此为傲。帕劳海关要求游客入境时签署"帕劳誓词"，旨在确保游客在逗留期间尊重并保护帕劳的自然环境。帕劳较早在

小丑鱼在紫绿色海葵中悠然游动　温迪·卡皮利－威尔基/摄

环境保护方面立法，令野生生物受益。不可踩踏珊瑚、不可喂食鱼类、不可从海滩捡拾海洋生物等成为人们在帕劳的自然环境进行各种活动以及与帕劳的生物互动时的基本行为准则。"帕劳誓词"也将推广本地文化和尊重当地传统风俗纳入考虑范围，以支持本土经济发展。最有趣的一点是，

"帕劳誓词"是帕劳的孩子们而非任何管理部门或保育组织参与起草的。

帕劳群岛丰富多样、生机勃勃的花卉享有盛名，其中数种花卉为该国独有。水母湖是帕劳最具特色的浮潜点，湖中生活着上百万只黄金水母。因湖水长期与外海隔绝，这些水母失去了毒性。

帕劳集众多令人惊叹的事物于一体——从陆地上丰富多彩、极富魅力的传统文化，到水下美得不可思议的多种生物。到这个群岛之国旅行，你将获得毕生难忘的经历。

53

海鸟的塑料餐

西塔拉·乔希 / 文

海洋塑料垃圾令海鸟不断生病、死亡。人们必须采取措施,减少流入海洋的塑料垃圾。

豪勋爵岛位于澳大利亚新南威尔士州中北海岸线以东600多千米处,是一种海鸟——肉足鹱的栖息地。肉足鹱在波浪间奋力展翅飞行的姿态十分优雅。肉足鹱是鹱鸟的一种,它们的翼展超过1米,重量可达750克。鹱鸟常在北大西洋、地中海以及太平洋大部分地区的海岸线上的山丘及岛屿的洞穴中筑巢。

每天天还未亮,鹱鸟就出发去海上觅食,黄昏时才回到岛上。当年9月至次年5月,鹱鸟大量聚集在林地进行繁殖,之后再迁徙到不同地区。鹱鸟主要以海洋生物为食,但随着海洋被越来越多的垃圾污染,鹱鸟的食物中不知不觉地出现了新种类:塑料垃圾。

由威尔科克斯等人于2015年8月31日发表于《美国科学院院报》(PNAS)的一项研究报告表明,约有90%的海鸟摄入了塑料垃圾。而20世纪60年代,人们做的同类研究得到的数据是不足5%。成年鹱鸟会错误地将那些塑料漂浮物当成鱿鱼和鱼卵,不经意间将小片塑料喂给幼鸟,这导致幼鸟严重营养不良,因为它们胃里满是塑料垃圾。这种持续的不良饮食损害了鹱鸟的健康,使得它们从鸟巢到大海的旅程变得非常艰难。

才华横溢的海洋生物学家珍妮弗·莱弗斯博士是漂流实验室(Adrift Lab)的主管,也是澳大利亚塔斯马尼亚大学海洋与南极洲研究学院(IMAS)的海洋科学讲师,曾研究过一次性塑料对动物造成的影响。莱弗斯博士在漂流实验室所做的研究中,以鸟类等野生物种作为实验对象,关注海洋及淡水水域中的物理及化学污染。她对鹱鸟的研究成果已被收录进《蓝色》(Blue)、《塑料海洋》(A Plastic Ocean)及《塑料危机》

上图 在海上觅食的鹱鸟
左图 这是一只鸟的剖面图，展示了其体内摄入的海洋塑料垃圾

55

志愿者们在清理海滩　©Shutterstock/ 供图

（ *Drowning in Plastic* ）等多部纪录片中。

对莱弗斯博士来说，真正令人痛心的是在这些优雅的海鸟体内发现大量塑料。她的研究团队会为海鸟催吐，而海鸟呕吐的过程十分痛苦。这种催吐方法被称为灌洗，就是用一根导管伸进海鸟的喉咙，注入灌洗液，将海鸟胃中的塑料垃圾冲洗出来。有一次，她目睹了从一只幼鸟体内取出 90 片塑料的过程。但这一数字仍低于海鸟体内塑料片数量的平均值，有些科学家曾从死去的海鸟体内或通过灌洗法从活着的海鸟体内取出 200~250 片塑料。

在 2015 年的一项研究中，澳大利亚联邦科学与工业研究组织（CSIRO）及英国的帝国理工学院

的研究者们预测，至 2050 年，全球 99% 的海鸟体内都会出现塑料，因为流入海洋的塑料垃圾五花八门，从吸管、塑料袋到瓶盖、牙刷，不一而足。事实上，塑料在我们的生态系统中已无处不在，即使海洋的最深处也未能幸免。

塑料污染看似是一个不可克服的问题，但其实消费者、各行各业以及政府都可以采取很多行动以解决海洋塑料垃圾问题，从而减轻海鸟以及其他生物的痛苦。例如，仅仅改进垃圾管理方式就可以极大地减少流入海洋的塑料垃圾，这已被证明能显著减少海鸟胃里塑料垃圾的数量。

其实很多时候我们都知道应该怎么做，但许多人懒得做。只要我们做出改变，就能显著减少

全球的塑料垃圾。在日常生活中，我们少用或不用会污染环境的物品，如塑料袋，就是一个很好的开始。以更结实、更耐用的布袋代替一次性塑料袋很容易做到。这样做不仅可以减少不必要的塑料垃圾，还能为政府节省将塑料垃圾运到垃圾填埋场的花费。

塑料吸管是海洋污染的另一个罪魁祸首。这种轻型日用塑料制品易被风吹进排水沟或排水管道，能漂浮在水面，最终流入海洋。既然如此，我们何不随身携带自己的金属吸管？金属吸管不仅更环保，而且更安全、更耐用，成本更低。

我们日常使用的许多塑料制品都有可生物降解型替代品。例如，环保牙刷的刷柄由竹子或木

> **"流入海洋的塑料垃圾五花八门，从吸管、塑料袋到瓶盖、牙刷，不一而足。事实上，塑料在我们的生态系统中已无处不在，即使海洋的最深处也未能幸免。"**

头制成，可自然降解，远远好过数百年后依然存在的塑料牙刷的刷柄。人们甚至已经用从植物中提取出来的可降解材料制造出牙刷的刷毛来代替普通牙刷尼龙材质的刷毛。

虽然环保型替代产品往往更少见且更贵，但随着更多人做出改变，这些替代品将更容易买到，价格也会更便宜。更重要的是，大范围的小小改变将真正影响塑料的循环系统，减少进入海洋的塑料垃圾，最终让海鸟朋友们减少摄入"塑料食物"。

无塑生活：环保的竹制用具、玻璃瓶及购物网兜　©Shutterstock/ 供图

幽灵渔网

多位作者联合撰写

绿色和平组织于 2019 年公布的一项报告指出，丢失以及被遗弃的渔具成为海洋中大塑料（长度超过 20 厘米）的主要部分。其中，幽灵渔网不仅造成了海洋污染，而且对海洋生物造成了致命伤害。尤其是亚洲的海洋中存在的大量幽灵渔网导致许多海洋生物被误捕、缠绕，最终窒息、死亡。

幽灵渔网每年会困住并杀死数百万海洋生物，比如鲨鱼、鳐鱼、各种硬骨鱼、海龟、海豚、鲸鱼、甲壳动物以及海鸟等

渔网不慎丢失或被故意丢弃在海里
有些渔网甚至漂浮到了外海，并进行"渔猎"

每年流入全球海洋的海洋垃圾约有

640万吨

其中约 10% 为渔民丢失或丢弃
的渔具

据估算每平方千米的渔区有

4.4千米

幽灵渔网

平均每年每艘船上丢失

1%

的渔具

0.5%~30%

本应上岸的渔获品却被幽灵渔网扫荡一空

每 100 平方米的幽灵渔网中有

92.8条鱼

被困

本地治里的幽灵渔网问题

西塔拉·乔希 / 文

一些潜水者正在努力解决印度东南海域沿岸废弃渔具和幽灵渔网的问题。

水肺潜水者正在清除一张缠绕在热带珊瑚礁上的巨型幽灵渔网 "永恒潜水者"
潜水中心 / 摄

印度南部的本地治里

位于印度东南海岸线的本地治里是印度本地治里联邦属地的省会。这里依傍孟加拉湾，是水肺潜水爱好者钟意的潜水目的地。热情的居民，美丽的沙滩，多种多样的海洋生物，都是其魅力所在。当地海域中生活着珊瑚、丽龟、马鲛鱼、裳䱛、石斑鱼、蝠鲼、海鳗以及各种甲壳动物等。但各类海洋生物越来越多地因被勾在珊瑚礁上或被漂在水中的废弃渔网绞缠而死去。

为了更深入地了解这一问题，《亚洲潜水者》采访了一位定期在本地治里潜水的资深水肺潜水者——乔纳·斯科尔思。乔纳谈到了幽灵渔网及一次性塑料为何在南印度海域出现得越来越多。尽管越来越多的人已经意识到幽灵渔网导致的问题，但在国家层面，它并不是一个问题。正如其他许多与海洋环境相关的问题一样，幽灵渔网对生态系统造成的危害并没有得到应有的重视，因为大多数人根本看不到水下发生了什么。

"我见过被长时间卡在渔网中的鱼，鱼眼被压扁，鱼鳞因为与渔网持续摩擦而掉落。可怜的鱼儿无比痛苦，这是无谓的折磨。"乔纳说道。乔纳正在尽自己的力量清除幽灵渔网，他向我们讲述

"我见过被长时间卡在渔网中的鱼，鱼眼被压扁，鱼鳞因为与渔网持续摩擦而掉落。"

了他目睹海洋动物如鱼、海龟等被幽灵渔网缠绕的情形。乔纳住在本地治里北部的曙光村，他在那里经营一家名为"永恒潜水者"（Eternal Divers）的潜水中心。

乔纳和他的团队经常组织技术潜水活动，目标是清除本地海域中的幽灵渔网。他们花了大量时间清除海洋中的塑料垃圾，帮助海洋生物解困。有时，幽灵渔网缠在珊瑚礁上，对珊瑚礁生物及鱼类构成直接威胁。潜水者的潜水活动范围取决于幽灵渔网的大小。清除大渔网就像揭开伤口上贴的纱布，需谨慎、细心，以防伤害海洋生物。最难对付的是那些已沉入水中数月乃至数年的渔网，一般有很多脆弱的珊瑚和海洋植物附着在上面。小型渔网则可以在潜水时被轻松移除并被带回水面。

乔纳带领的团队只招纳至少有100次潜水经验的资深潜水者。潜水者需要具备一套基本技巧，并能自如地在水下停留较长时间。潜水者还需具备在水下对付沉重的大型渔网的能力。团队中的每位成员都担负着特定的职责，共同协作，确保精准执行移除渔网的工作程序。乔纳提到，在清理较大的幽灵渔网时，潜水者存在极大的被渔网缠绕的风险。

在潜水装备方面，侧挂式浮力控制器是最佳选择，可以有效保障潜水者的人身安全并延长潜水者待在水底的时间。安全永远是第一位的。由于清除渔网时身体（尤其是手臂）需要不停地活动，呼吸量增大，就会摄入更多氮气，因此，吸入额外的氧气必不可少，以帮助排出进入体内的氮气。

潜水圈与渔业圈之间的紧张关系

印度的潜水圈相对较小，潜水者们经常互相帮助。在本地治里，所有的潜水者联合在一起，还有许多潜水者从印度的其他地区奔赴本地治里，大家共同行动，一起解决幽灵渔网的问题。这里的氛围总是热烈而友好，人人都敞开心扉。

但即便这样，目前本地治里的潜水圈依然只是个小圈子，并没有规模更大的组织来应对这一问题。多数时候，潜水者只是利用业余时间清除渔网。很明显，仅靠这些潜水者并不能解决当地的幽灵渔网问题。应对幽灵渔网问题最有力的措施乃是与本地居

一位水肺潜水者正在清除一张缠绕在热带珊瑚礁上的幽灵渔网 "永恒潜水者"潜水中心／摄

潜水者正在清理
废弃渔网

"幽灵渔网总是清理不尽，就如你即使每天清扫家里的地面，灰尘仍旧一再出现。"

民以及政府合作。

不幸的是，在本地治里乃至整个南印度地区，潜水圈和渔业圈之间的关系很是紧张。尽管当地政府曾以尽可能温和的方式教育渔民，但很少有渔民在乎渔网对海洋生物带来的伤害。渔民认为潜水者应当对赶走海洋生物、渔民的渔获减少承担责任。虽然缺乏责任心和环境保护意识的渔民大有人在，但渔网通常并非渔民故意丢弃，有时候，由于渔网缠在了珊瑚礁上，渔民不得不舍弃渔网。

乔纳和本地治里的其他潜水者一直致力于使潜水圈与渔业圈和平共处。二者所处行业不同，都不应责怪对方，只有目标一致才能找到解决问题的方案。提高人们对幽灵渔网这一问题的认识，提倡减少制造塑料垃圾和多加利

用可重复使用或可回收的材料，这些措施有利于向当地渔民传递正面信息，而不会影响他们的生计。

印度某些地区已经在实施一些举措应对一次性塑料问题。喀拉拉邦颁布了严格的禁令，禁止所有形式的一次性塑料的生产、销售及储存。此外，当地政府还开始从渔民手中购买塑料废弃物，以保护当地海岸线的生态环境。这样的举措正是本地治里及印度其他地区潜水圈所期待的。若想以有效的方式解决幽灵渔网等问题，地方政府需要了解问题，并带头提出可行的解决方案。

共同寻找解决方案

"幽灵渔网总是清理不尽，就如你即使每天清扫家里的地面，灰尘仍旧一再出现。"乔纳说道。持续不断地清除幽灵渔网只是短期解决方案，因为渔网总会不断

出现。在乔纳看来，目前解决这个问题的进展过于缓慢，而长期解决方案仍遥遥无期。

目前，乔纳正与海洋生物学家基拉协作，一起收集各种数据，记录幽灵渔网的密度、渔网的类型以及在渔网上发现的海洋生物种类等。他们收集的数据和研究成果向所有人开放，他们希望通过大家的共同努力，最终获得解决幽灵渔网问题的新型方案，减少废弃渔具的数量，减轻幽灵渔网造成的危害。

缅甸最后的净土遭受幽灵渔网的毁灭性破坏

阿努阿尔·阿卜杜拉/文　阿努阿尔·阿卜杜拉　马格努斯·拉松/摄

图 1　马格努斯·拉松/摄

缅甸的丹老群岛被视为东南亚最后的潜水净土之一。这里尚未受到大众旅游的影响，群岛的每个角落都有郁郁葱葱的热带雨林和茂密的红树林。海滩的景色更是美得像明信片照片。丹老群岛共有800多座岛屿，大多离丹老市的海岸线不远。这里最吸引潜水者的是位于丹老市安达曼海下的缅甸海山（Burma Banks）。缅甸海山位于海沟开始下降至深海平原的地方，此处海底大陆架的深度远超我们能到达的深度。鲨鱼、鳐鱼等大型海洋生物在这里很常见。离海岸更近的岛屿周围有一些较浅的海底高地以及分散的珊瑚礁，珊瑚礁上到处都是渔民丢弃或不小心丢失的渔具。丹老群岛周围广阔的海域内几乎没有一片珊瑚礁幸免于幽灵渔网的破坏。有些珊瑚礁上甚至覆盖着多年累积的废弃渔网，多达12层。除幽灵渔网外，海里还有许多其他废弃渔具，如诱捕工具和延绳等。如果不先清理渔网、评估珊瑚礁的损害状况并保护珊瑚礁免受继续侵蚀，就无法开始丹老群岛的珊瑚礁修复工作。

清理幽灵渔网这项工作充满挑战。从珊瑚礁上被清理下来的数吨渔网需要被妥善安置。清理幽灵渔网并不止于清理这个步骤，清理前要履行书面确认程序且要求每位参与者遵守相关规定，确保安全。而且，当笨重而难闻的渔网被拖到岸上后，需要人们进行后续处理工作。整理和记录渔

图 2　一位水肺潜水者正在清除缠绕在珊瑚礁上的巨型幽灵渔网　马格努斯·拉松 / 摄

"离海岸更近的岛屿周围有一些较浅的海底高地以及分散的珊瑚礁，珊瑚礁上到处都是渔民丢弃或不小心丢失的渔具。"

网信息也是一项艰巨的任务。抛弃或处理渔网前要取下渔网上所有的铅坠。若铅坠处理不得当，会损害环境和人类健康。之后，人们要按照渔网的网眼尺寸及材质将渔网分类，称重并记录有关数据。在丹老市，幽灵渔网清理团队将渔网上的铅坠熔化，制成潜水配重铅块。有些渔网经过清洗、晾晒后，被用作有机农场的遮阴棚。

应对偏远岛屿的塑料问题

　　全球性的塑料污染是一种"环境传染病"，需利用切实可行的方案"医治"。在很多人看来，回收利用似乎是可行的方案。但在很多情形下，回收利用这一理念无法落实，因为有时生产新的产品比回收利用废弃物成本更低，回收利用废弃塑料在有些地方行不通。丹老群岛的每座岛上都有塑料垃圾，而且这些塑料垃圾非常

密集，它们被风和海潮带到岛上，堆积在岸边、红树林下、低处的森林及溪流中。丹老群岛的每种生态环境中都有垃圾存在。当地已采取行动回收这些塑料垃圾，但回收的垃圾无处存放。即使前往距离最近的回收点也需要很长时间，可行性不大。那么，在丹老群岛，如果回收利用不是治理塑料垃圾的最佳方案，那什么才是？一种可行的方案就是将塑料

"在丹老市，幽灵渔网清理团队将渔网上的铅坠熔化，制成潜水配重铅块。有些渔网经过清洗、晾晒后，被用作有机农场的遮阴棚。"

图3　不浪费：幽灵渔网被清洗干净以便再利用　阿努阿尔·阿卜杜拉 / 摄

图4　再利用：用回收的渔网的尼龙线制成屋顶　阿努阿尔·阿卜杜拉 / 摄

废弃物升级再造为永久性材料。例如，将饮料瓶制成用于建筑物屋顶的材料。也就是说，升级再造更为实际，因为这样塑料无须离开岛屿，而是以另一种不同的形式用于不同的目的。储物棚、营地建筑物以及居民的房屋都能用塑料废弃物建造，而且这些材料还是免费的。升级再造行动——利用这些充足且零成本的材料造出实用的建筑——非常挑战当地社区的创造能力。塑料屋顶比茅草屋顶更耐用，并且是免费的。如果将"可以省钱"作为向居民推广这个环保举措的一大要素，那么这一做法在岛上的大多数社区都能行得通，特别是在低收入社区。于是，在工程师们的帮助下，手持型挤压机器被带到岛上，人们用它将塑料废弃物切割、挤压成方条或方块状，用作建筑材料。这些材料还可用于在偏远的岛屿上建造校舍。

减轻海洋污染

海迪·泰特（蓝色海神基金会联合创始人）/ 文

> 澳大利亚的非营利组织蓝色海神基金会的成员们不怕脏累，竭尽全力地清理海洋垃圾。

蓝色海神基金会（Tangaroa Blue Foundation）是澳大利亚的一个非营利组织，致力于清理及杜绝海洋垃圾。蓝色海神基金会于 2004 年成立于西澳大利亚州的西南区，之后发展为全国性的非政府组织。该组织的独特之处在于不仅致力于清理环境中的海洋垃圾，还策略性地从源头上杜绝垃圾进入河道。这一切的实现，归功于它联合了澳大利亚海洋垃圾倡议组织（Australian Marine Debris Initiative，AMDI）及全国 1100 多名合作伙伴，大家齐心协力，共同维护一个海洋垃圾数据库。

我创立蓝色海神基金会的动力源于我 20 年的水肺潜水教练的经历，我对海洋的热爱及保护海洋的热情。

据估计，每平方千米的海洋中漂浮着多达 40000 片塑料，目前全球有 800 多个物种受到海洋垃圾的影响和威胁，这样的数据可能会令人觉得力不从心。

海洋垃圾正破坏着潜水者们热爱的、希望不断深入探索的海洋。保护海洋生态环境需要所有消费者、所有生产商乃至政府决策者共同努力。

尽管海洋垃圾是目前全球最大的环境问题之一，但它也比较容易解决——只要我们下定决心。蓝色海神基金会认为解决海洋垃圾问题分为 3 个层级，人们可以

"蓝色海神基金会于 2004 年成立于西澳大利亚州的西南区，之后发展为全国性的非政府组织。"

图 1 志愿者们在澳大利亚昆士兰州库克敦的北岸沙滩上清理海洋垃圾。2019年 5 月，60 名志愿者及本地合作伙伴参与了珊瑚礁清洁（ReefClean）行动，4个小时内清理了 1.7 吨垃圾 珊瑚礁清洁项目 | 蓝色海神基金会 / 供图

图 2 在澳大利亚昆士兰州约克角的奇利海滩（Chili Beach），蓝色海神基金会的工作人员向人们展示废弃渔网对海洋生物造成的伤害 珊瑚礁清洁项目 | 蓝色海神基金会 / 供图

图 3 2019 年，在澳大利亚昆士兰州约克角的奇利海滩清理行动中共清理了 507 支牙刷。来自澳大利亚韦帕地区的杰丝·纳什手捧部分废弃牙刷。杰丝记录了相关数据，并据此为她的校园环保项目制作了幻灯片 珊瑚礁清洁项目 | 蓝色海神基金会 / 供图

参与其中的每一个层级。

第一个层级是清理已经存在的海洋垃圾，这样不仅能改善自然环境的现状，还能减轻塑料垃圾对环境造成的危害，降低人类和动物主动或意外接触垃圾时受到伤害的风险。迄今为止，蓝色海神基金会的志愿者及澳大利亚海洋垃圾倡议组织的成员已在澳大利亚 3400 多个地点开展了海滩及河道清理行动，共清理了 1200 多吨垃圾。清理行动范围很广，从自 2004 年起每月都清理的地点，到澳大利亚最偏远、污染最严重的地区，志愿者们有时在一个海滩可收集多达 7 吨的垃圾（主要是塑料垃圾）。你能想象吗？志愿者们在海滩一边捡拾塑料垃圾，一边看着更多垃圾被冲刷到

岸边。不幸的是，不仅这些地处偏远的澳大利亚海滩是如此，世界上成千上万的其他海滩也是如此。蓝色海神基金会的座右铭是："如果我们做的只是清理工作，那我们就只能不断地清理。"显而易见，比清理海滩垃圾更有效的做法是从源头上杜绝垃圾流入海洋。从长远来看，为了解决这个问题，我们需要先来认识垃圾，而这正是澳大利亚海洋垃圾倡议组织的用武之地。

澳大利亚海洋垃圾倡议组织

澳大利亚海洋垃圾倡议组织（AMDI）是由志愿者、社区、机构和其他合作伙伴组成的地面网络，主要工作是将海滩及河流清理行动中收集到的垃圾的相关数据上传到 AMDI 数据库——澳大

利亚最大的海洋垃圾数据库，然后从源头上采取措施，阻止垃圾流入河道和海洋。如果你参加蓝色海神基金会组织的清理海滩行动，你不仅会看到斗志昂扬的工作人员在海滩认真搜寻垃圾，还会看到由志愿者组成的极度高效的垃圾分类小组。垃圾分类小组的成员不仅会将垃圾根据材质（如塑料、金属和玻璃）分类，还会进一步详细地分类，如牙刷等消费品和食品软包装会被分开放置。人们收集到的每一片垃圾的数据都会进入 AMDI 数据库，这个数据库目前已记录 1500 多万条数据。这个任务看似烦琐，但 140 多个类别的数据可以精确地显示出在特定地区出现哪些种类的垃圾，比如在那些被多次清理的海

图4 作为珊瑚礁清洁项目的一部分工作，澳大利亚珊瑚普查（Reef Check Australia）公益活动的志愿者们前往胡克岛开展行动 珊瑚礁清洁项目 | 蓝色海神基金会 / 供图

"每一年，来自澳大利亚各地的多家机构及团队都在向 AMDI 数据库贡献信息，共同从源头上应对海洋垃圾这个大问题。"

滩，垃圾的数量和材质如何随时间变化等。该数据库采取开放访问规则，任何人都可以上传数据并可在线浏览特定的数据。每一年，来自澳大利亚各地的多家机构及团队都在向 AMDI 数据库贡献信息，共同从源头上应对海洋垃圾这个大问题。

虽然 AMDI 主要关注澳大利亚的海洋垃圾，但在南太平洋地区也有国际性的合作伙伴向数据库上传当地的数据——我们都知道，海洋是相通的，地区性协作对解决这一国际性问题至关重要。

收集数据对解决海洋垃圾问题的意义何在？

通过对数据库收录的数据进行处理，蓝色海神基金会能够发现问题，然后与社区、相关行业及政府协作，共同应对海洋垃圾问题，制订从源头上减少垃圾的改进计划。这些改进计划可能包括改进垃圾桶等基础设施，开展反对乱扔垃圾的宣传活动，改变人们处理垃圾的程序或改变一些此前导致污染的做法。

譬如，某社区组织了清理海滩的活动，发现位列前三的海滩

垃圾为咖啡打包杯、塑料吸管和塑料瓶。之后，社区成立了一个垃圾源头减量工作坊，对当地利益相关方及社区居民提供所需的资源及培训，并采取策略尽可能降低以上物品在本地的消费量，或者至少让人们妥善保管这些物品以免污染水道。在这个过程中，参与清理垃圾的人成了本地区垃圾污染的管理者，并贡献出他们的知识，取得了更大的社会效益。

另一个更大规模的根据 AMDI 数据做出行动的案例，是西澳大利亚州所有捕龙虾的船禁用龙虾

图5 2019年9月，在昆士兰州约克角开展的针对5个海滩的巡回清理行动中，志愿者们清理出一张巨型幽灵渔网。这样庞大的幽灵渔网对野生生物存在巨大威胁 珊瑚礁清洁项目 | 蓝色海神基金会 / 供图

"2019年，珊瑚礁清洁项目发起了200多次垃圾清理行动，2000多名志愿者参加了活动，共清理近25吨海洋垃圾。"

捆扎带。这些塑料材质的龙虾捆扎带曾是西澳大利亚州海域的主要海洋垃圾之一。人们通过AMDI数据库发现这一问题后，政府通过立法，切实改善了龙虾捕捞业产生的海洋垃圾的现状。

我们甚至可以追溯到塑料制造业源头。制作塑料的原料常在运输或生产过程中泄漏，流入海洋，从而造成海洋中微塑料污染问题。蓝色海神基金会与澳大利亚的塑料行业紧密合作，实施了源于美国塑料业的清洁扫除行动（Operation Clean Sweep）的澳大利亚版行动方案来解决微塑料污染问题，以最大限度减少微塑料对环境造成的不利影响。

当然，没有垃圾就不会产生问题。为此，蓝色海神基金会与利益相关方合作，推广和实施可持续发展型消费解决方案，比如减少物品的包装或重新设计包装，

推广一次性塑料的替代产品，落实再循环项目及容器回收计划等。与此同时，蓝色海神基金会通过开展教育及组织活动，影响消费者的消费理念，改变人们的行为和态度，最终使人们从源头上杜绝塑料制品。如果作为消费者的我们不去购买塑料制品，那么企业就不会生产塑料制品，塑料制品也就不会流入海洋。

珊瑚礁清洁项目

仅凭一个人或一个团队不太可能带来重大改变，因此，蓝色海神基金会与本地社区、相关机构、水警和政府等利益相关方及合作伙伴联手行动。

2019年，蓝色海神基金会获得了为期5年、总额为500万澳元的投资，从而实施珊瑚礁清洁项目（Reef Clean），并在整个大堡礁周边提供海洋垃圾清理及预防服务。珊瑚礁清洁项目由澳大利亚政

府的珊瑚礁信托（Reef Trust）提供资金，由蓝色海神基金会及其合作方，包括澳大利亚环保义工组织（Conservation Volunteers Australia）、澳大利亚珊瑚礁调查组织（Reef Check Australia）、澳大利亚微塑料评估机构（AUSMAP）、生态船清洁海洋组织（Eco Barge Clean Seas）、澳大利亚海洋观察组织（OceanWatch Australia）、南回归流域项目组（Capricornia Catchments）及南约克角流域项目组（South Cape York Catchments）共同实施。

珊瑚礁清洁项目的第一个目标是减少在大堡礁区产生的或进入大堡礁区的海洋垃圾，这些海洋垃圾可能影响儒艮和海龟等物种及其他在海洋中迁徙的物种，还影响大堡礁的生态系统。珊瑚礁清洁项目的第二个目标是提升生活在珊瑚礁海域的人们对海洋垃圾的认识，并使人们认识到可

6

以采取哪些行动阻止垃圾进入珊瑚礁海域。

珊瑚礁清洁项目包括在大堡礁沿线从约克角到班达伯格开展社区垃圾清理行动，举办致力于减少污染源的研讨会，开展校园活动、监测行动、数据分析以及灾难管理清洁行动。参加珊瑚礁清洁项目的志愿者不仅有机会到访昆士兰州最壮观的海滩，还能为减少海洋垃圾出力，并改善世界遗产大堡礁的现状。

记录海洋垃圾信息是珊瑚礁清洁项目中一个至关重要的公众科学活动。通过了解所收集的垃圾的类别、被垃圾影响的地点以及比较和分析，人们就可以制订出从源头上解决海洋垃圾问题的行动方案。

2019年，珊瑚礁清洁项目发起了200多次垃圾清理行动，2000多名志愿者参加了活动，共

清理近25吨海洋垃圾。

蓝色海神基金会和澳大利亚海洋垃圾倡议组织与众多利益相关方的合作向人们展示了大众与机构联手的力量，为当地环境、大堡礁生态系统乃至全球海洋带来了真正的改变。

在毛利及波利尼西亚的神话传说中，Tangaroa是海洋之神。海神Tangaroa颁布了法令来保护海洋及海洋生物："Tiaki mai I ahau, maku ano koe e tiaki。"也就是"如果你照顾好我，我也会照顾好你"。作为潜水者、海洋热爱者及探险者，我们有责任照顾好海洋及海洋中的生物。我们可以为子孙后代留下清洁的海洋作为遗产，并报答为我们带来很多欢乐的海洋。

图6 作为珊瑚礁清洁项目的一部分，蓝色海神基金会带领一个16人志愿者小组，包括来自澳威环保有限公司远北昆士兰地区（Auswaste FNQ）分支机构和澳大利亚海洋观察组织的成员，对位于库克敦及蜥蜴岛之间的远北昆士兰地区的10座岛屿展开了清理行动。这一志愿者小组共清理了1吨多垃圾，并对垃圾进行了分类和统计，并将数据上传至AMDI数据库。澳威环保有限公司（Auswaste）处理和回收了这些垃圾。 珊瑚礁清洁项目 | 蓝色海神基金会 / 供图

如需了解更多信息，请访问：
www.tangaroablue.org
www.reefclean.org

每月，全球最具影响力的行业领军人物、意见领袖、演讲嘉宾以及业内知名厂商代表在线上与大家分享最新行业信息，进行精彩演讲，参与研讨会直播，并通过播客与大家进行小组讨论。

让我们一起参与，寓学于乐！

全 球 首 场 数 字 潜 水 展

ADEX
pixel
线上博览会

24 小时不间断
线 上 交 流，共 享 信 息
同 一 个 行 业　同 一 片 海 洋　同 一 座 家 园

欢迎参加 ADEX PIXEL 线上博览会！

ADEX PIXEL 线上博览会（APE）联合全球潜水行业，共同促进蓝色经济领域的产业合作，
汇集非政府组织、非营利组织、行业领军人物和企业，以及相关领域的演讲嘉宾和参展商，
必将吸引众多观众参与。APE 还提供播客服务，
组织线上研讨会，打造广阔的交易平台和专业论坛，
并通过大容量图片库向观众展示世界各地摄影师拍摄的数千张精彩的水下摄影作品……
更多令人兴奋的元素，敬请期待。足不出户，即可参与！

ADEX PIXEL 线上博览会现招募线上参展商，欢迎品牌商预定展区，尽情展示品牌魅力！

•OCEAN360 版块（黄金 7 天）
•SCUBA360 版块（7 天）
•PIXEL360 版块（5 天）
　周一至周五
•全球版块（3 天）
　周一、周三、周五

www.adex.asia

水下洞穴：隐藏的塑料问题

罗温·奎斯塔 / 文

连极隐蔽之处也已受到塑料垃圾的侵袭。人类必须反思及改变自己的行为了。

堆积在洞穴顶部的各种一次性塑料垃圾　阿卡斯·哈米德 / 摄

在过去几年里，塑料污染已成为备受全球关注的一大问题。太平洋上漂浮的垃圾，在塑料垃圾中浮潜的人，被塑料碎片包围的海龟、鲨鱼及鲸鱼——类似的图片不断出现在社交媒体上，提醒着我们人类正在为消费型社会的浪费行为付出惨痛代价。塑料污染对海洋生物造成的危害已引起社会关注并激励人们行动起来。许多全球性环保项目及倡议行动致力于减少塑料消费，阻止更多的塑料垃圾流入海洋。

然而，人们一直以来忽视了塑料垃圾问题中的另一方面，就是水下洞穴中的塑料垃圾污染。这类污染因为地处水下而不受关注。也就是说，塑料垃圾污染了人类最重要的淡水资源——地下水。

地球表层的所有水体总称为水圈，水圈"是一个庞大的、不停移动的动态集合，海洋中的水分蒸发至大气层，然后降落在陆地上，再重新流回海洋"。[鲁特根斯著《地质学精要》（*Essentials of Ecology*），2017 年第 13 版]海洋覆盖了地球 71% 的表面积，储存着地球水资源总量的 97.5%。水圈包括了地下水、溪流水、湖泊水以及冰川等淡水水体，总计约占地球水体总量的 2.5%。

尽管地下淡水在水圈水体总量中的占比不足 1%，但在地球所有淡水总量中占 30%，在地球上所有液态淡水总量中占 96%。总之，地下淡水是人类至关重要的资源。譬如，数年前的美国，人们每天就要消耗 11580 亿升淡水。"地下水是人类可利用的最大淡水库，它在经济发展和社会福祉方面的价值不可估量。"

世界上有些地区有多种淡水来源，除了地下水、湖泊和河流外，雨水亦是淡水的来源之一。而有些地区则没这么幸运，不得不依靠地下水资源或淡水进口——通常由雀巢（Nestlé）、达能（Danone）、百事公司（PepsiCo）、可口可乐公司（Coca-cola）等全球性公司进口。印度尼西亚的东南苏拉威西省就属于这样的地区。

东南苏拉威西省的地表多为石灰岩层，少有湖泊、河流或者其他可以收集雨水的地貌，尤其是穆纳岛、布顿岛以及瓦卡托比所在的南部地区。但是，如果你把目光转向地下，就会发现这个地方有数千个水下洞穴，地面上大大小小的洞穴入口是人们获取宝贵的资源——地下水的通道。有些洞穴仅仅通往地壳层中的一处水点，有些洞穴则是通往绵延数千米的庞大洞穴网络的入口。

此外，当你将洞穴入口分布图和当地地图重叠在一起时，就不难看出当地人的居住地都在这些洞穴周围。这看起来比较符合逻辑，因为在以前，地下洞穴中的水体是人们饮用、烹饪及清洗所用淡水的唯一来源。

我从 2016 年开始探索东南苏拉威西省，寻找水下洞穴。对潜水及探险的热爱使我很快意识到日积月累的水下洞穴塑料垃圾问题的严重性。在探访了约 200 个水下洞穴（包括干涸的和漫水的洞穴）后，我得以将人类造成的污染与塑料垃圾联系起来。

这一地区的水下洞穴可分为两类，一类为远离人类居住地、未受人类打扰的无污染水下洞穴；另一类为此前因某种活动被人类使用过并因滥用而被污染的水下洞穴。

一位潜水者在清理水下洞穴中的塑料垃圾　克里斯托夫·佩尔马 / 摄

倘若我们仔细观察第二类水下洞穴，会发现其污染程度与洞穴周围居住的人口的密度成正比。

但这些是如何发生的？这些水下洞穴曾被用来做什么？在地下还有哪些污染源？这些污染造成了什么后果？如何应对污染？下面，我将试图回答这些问题。

在城市中获取地下水一般是通过一个落水洞。想象一下，水流入你脚下的地表，数年后，地

"我从 2016 年开始探索东南苏拉威西省，寻找水下洞穴。对潜水及探险的热爱使我很快意识到日积月累的水下洞穴塑料垃圾问题的严重性。"

表塌陷，你就能看到地下水从你脚下流过。现在，你再想象一下：人们在陆地上四处流浪、奔走，某一天在一处没有河流、没有湖泊的地方发现了这个能够获取淡水的落水洞，它是多么理想的定居地啊！数百年后，围绕这些落水洞发展出众多居住地，落水洞

周围砌起了水泥石阶，便于人们通行，落水洞成了居住地的重要地点。

如今，这些落水洞有各种不同的用途，首要用途是淡水的来源。人们用水泵抽水或用容器盛水，将淡水取回家，用来烹饪、饮用、洗漱及清洗等。

此外，这些落水洞还是社交区。大人们一边闲聊，一边洗衣服、沐浴或仅仅是在这有水、有阴凉的地方避暑，孩子们则来这里游泳。

淡水水源不仅是极为重要的生命保障，还常常是社区居民交流和沟通的地方，却也是一个随

着电子通讯和社交媒体的日益普及而逐渐消失的社交平台。

与将水与神灵联系起来的中国文化或玛雅文化相比，在印度尼西亚的文化中，水与精神世界并没有太多关联。

一些洞穴被列为旅游景点，以吸引当地及外地游客。洞穴旅游及洞穴潜水在这一地区非常盛行，是本地居民的收入来源。但不幸的是，这加剧了印度尼西亚洞穴的污染。

首先，我们必须承认，塑料包装近年来在印度尼西亚的消费市场中占据了一席之地。印度尼西亚在快速发展及进入现代消费模式前，商品是用植物的茎叶（如香蕉叶、棕榈叶及藤条等）来包装的。把包裹食物的香蕉叶扔在路边对环境完全无害。

但如今的印度尼西亚，几乎所有物品——食物、肥皂、洗衣粉、饮料……都使用塑料包装。更糟糕的是，多数家用产品也都使用一次性塑料包装。进入洞穴，你可能会见到塑料瓶、塑料杯、零食包装、牙膏管、牙刷、聚氯乙烯管、碎玻璃、电子垃圾、电池……基本上，人们用到的每件日用品在洞穴里都可以见到。

这些塑料垃圾堆积在水下洞穴的入口处，有时水流会将垃圾冲进洞穴。我曾在洞穴的3000米深处发现了浸没在水下的塑料包装。

塑料垃圾造成的不良后果体现在方方面面。例如，垃圾让这些洞穴看起来很不美观，降低了对游客的吸引力。没人想去参观一个遍地垃圾的地方。

其次，塑料垃圾对水质也有很大影响。塑料能在水中留存数百年且永远不会完全降解。到某个时间节点，它们会变成微塑料，小到肉眼看不见，却会被鱼和人类吃掉。

在探索及清理水下洞穴的过程中，我曾发现生产日期为30年前的塑料包装，它依然完好无损。在一些水下洞穴深处，我还注意到因水中有大量化学洗涤剂而导致细菌滋生并形成泡沫。当然，毫不意外的是，垃圾越多的水下洞穴，水中生物就越少。虽然这个观点尚待科学论证，但我认为

潜水者正在清理每一个角落和裂缝中的垃圾　佩特·姆斯利/摄

印度尼西亚的一个典型的洞穴入口　佩特·姆斯利/摄

结论显而易见。

好的一面是，那些被我清理过的水下洞穴中很快就出现了更多海洋生物。

将水加热至沸腾并不会影响微塑料，微塑料在水中依然存在，尽管肉眼不可见，但会对我们的健康产生不可预见的负面影响。

虽然人们在努力保护海洋，以获得相关旅游收入及食物来源，但人们忽视了对水下洞穴和地下水资源的保护。作为重要资源，它们并未得到应有的重视。

尽管如此，一些环保组织已经开始关注并保护淡水资源，并向当地社区强调其重要性。虽然教育很关键，但从长远来看，由这些非营利组织告诉人们应该怎么做、不应该怎么做并非解决之道。当地社区的生活行为及社交关系建立于数千年的历史上，很

难立刻改变。我们需要与当地社区一起寻找最佳改善途径。

我们不应简单地说"你不应该这么做"，而必须同心协力寻找解决方案，在不改变这些作为淡水来源的水下洞穴扮演的社交角色的同时，还要提出除"禁止使用"之外的有效解决水下洞穴垃圾的方案。

当下我们必须迅速清理这些水下洞穴中的垃圾，这一点毋庸置疑。

我从2016年开始探索水下洞穴。当我在东南苏拉威西省开设了自己的潜水中心后，便开始更频繁地探索水下洞穴。我一直在和巴务巴务的潜水同行一起组织水下洞穴清理活动，并尽量带动身边的人一起参与其中。目前水下洞穴清理活动的规模虽然很小，但很成功。我们的洞穴潜水者将

收集到的水下垃圾带回水面，其他人把这些垃圾拖上岸，并且清理洞穴入口处的垃圾。我发现，一个人全力以赴的话，每小时约可清理20千克垃圾，据此我估计这些水下垃圾总量约有数吨之多。简单算一算就知道，这是一项庞大的工作。

组织水下洞穴清理活动的主要难点在于做这项工作的人需要具备相应的技术和资质。只有合格的洞穴潜水者才能进行水下垃圾的清理工作，而当地只有几名持证的洞穴潜水者。让其他洞穴潜水者搭乘飞机来这里是一个办法，但这是一笔不小的开支。在洞穴入口处设置标识、放置垃圾桶也是可行的措施。

我们还可以资助相关环境保护教育活动，让各年龄段的人都能认识到海洋中的塑料垃圾是个

某次潜水行程中一个水下洞穴深处的内部景观　佩特·姆斯里／摄

大问题。安排人们观看清理水下洞穴中的垃圾的教育短片也是方法之一。

想法有很多，但到目前为止，所有事情都是人们在业余时间里完成的，除了努力节约水资源和减少地表之下的塑料垃圾之外，我们别无他法。我们确实需要为我们的环境保护项目寻求资金支持，以便能够惠及更大范围。

最终，所有举措的实施都依赖于国家层面的支持。印度尼西亚社会等级分明，政府的权威广受认可。政府出面是环境保护必不可少的推动力。我们一直在努力提升村长、议会代表和当地官员应对和解决塑料垃圾的意识，并积极寻求环境、健康及旅游等相关政府部门对这一问题的关注。一切都在缓慢地向前发展。

每一小步都是一次胜利，我们不能奢望一夜之间改变一切。年轻一代乐于接受新观念，他们对保护海洋及淡水资源的积极和热情令人无比欣慰。我衷心希望有一天他们能够拥有清洁的水下洞穴、清洁的水资源，希望他们能安全地享用地球上最宝贵的资源。

打造无塑料海洋

让我们主导自己的塑料消费行为。你可以选择为正在进行的全球减塑行动出一份力。

应做

应使用可重复使用的水瓶、咖啡杯等，使用非塑料餐具。

1. 水合作用组织（Hydration Anywhere）指出，仅美国每年就消耗 1700 余万桶原油用于制造 5000 多万个塑料水瓶。等量的原油可用于生产 130 万辆汽车一年使用的汽油，或可为 19 万个家庭提供电力。

2. 焚烧一次性塑料杯子等一次性塑料制品会产生大量有毒有害气体，并被排放到大气中。二氧化碳等温室气体以及一氧化碳是全球各种呼吸疾病的元凶。

3. 至 2050 年，每年由塑料垃圾产生的二氧化碳的排放量将超过 27.5 亿吨。

不应做

不应使用含微塑料的美容产品。

1. 很多个人护理产品和化妆品（如磨砂膏或去角质产品）中会添加微塑料，微塑料常被用作软化剂或低成本填充剂。

2. 微塑料如此之小，无法被废水过滤系统过滤，会直接进入排水系统，最终流入海洋。

3. 海洋生物摄入微塑料后，微塑料开始在食物链中传递，最终进入我们的餐盘。

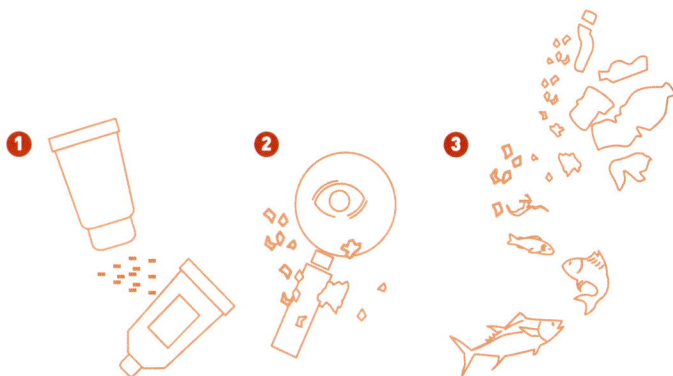

应做 & 不应做

应做

日常采购时带上自己的可重复使用的购物袋。

1. 每年全球的塑料袋使用量约为 5000 亿至 1 万亿个。这几乎等于每分钟使用 100 万个塑料袋。最终它们或被埋入垃圾填埋场或成为海洋塑料垃圾。

2. 使用结实的、可重复使用的布袋或麻质购物袋是行之有效的减少塑料垃圾的做法。

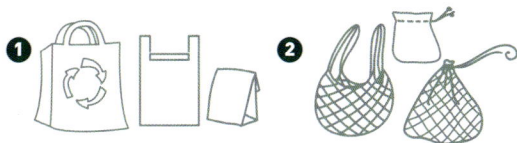

不应做

不应使用塑料吸管。

1. 虽然塑料吸管只是人们已制造出的 90 多亿吨塑料中的一小部分，但它们无处不在且难以回收，大多数塑料吸管最终进入垃圾填埋场或海洋。

2. 如果你需要用吸管，请选择纸质、竹质、金属、玻璃等材质的非塑料吸管。有些人因为身体活动受限而必须使用吸管，如果你仅仅是为了方便，那就停止用吸管吧。

应做

多自己做饭。

1. 自己做饭不仅更健康，还不会产生打包盒和袋子等垃圾。在家用餐时使用一次性塑料制品及一次性餐具的数量要少得多。

2. 如果需要打包食物，就带上自己的可重复使用的餐盒，不要用任何塑料容器。

不应做

不应购买合成纤维制成的衣物。

1. 聚酯纤维、尼龙、人造丝、氨纶等合成纤维是塑料污染的另一个重要组成部分。这些不可降解纤维会进入河道和水路。

2. 加利福尼亚大学圣塔芭芭拉分校的研究者们进行的一项研究显示，由合成绒布做成的新外套每次洗涤时会脱落 1.7 克微纤维，旧外套的微纤维脱落量则为新外套的双倍。而废水处理厂只能过滤水中的一部分微纤维，40% 的微纤维会流入河流、湖泊及海洋。

失衡的快时尚服装产业

《亚洲潜水者》/ 文

如何减轻快时尚服装产业对海洋造成的不良影响？

劳拉·弗朗索瓦和本杰明·冯·翁联手在柬埔寨一间废弃的服装厂内进行了艺术创作，其中包括图中这个完全由废布料打造的"瀑布"。此次艺术创作的初衷是为了引起人们对快时尚服装产业浪费现象的关注：仅仅制作一件棉布T恤衫就会用掉2700升水——这是一个过于高的水足迹。　本杰明·冯·翁/摄

> **"快时尚服装产业对环境造成的危害大得令人震惊，我们需要创新性解决方案，并且要快速施行。"**

你认为塑料瓶对海洋造成了最大危害？那么你可以再思考一番。人们每年在服装洗涤的过程中约向海洋排放 50 万吨微纤维，等同于 500 亿个塑料瓶。这些微纤维的材质其实是无法生物降解的塑料。事实上，据估计，环境中约 35% 的微塑料源于洗涤由聚酯纤维制成的织物。快时尚服装产业对环境造成的危害大得令人震惊，我们需要创新性解决方案，并且要快速施行。

本文的采访对象劳拉·弗朗索瓦是人本设计及可持续发展领域一位年轻的、充满热情的加拿大企业家。作为具有艺术影响力的服装循环（Clothing The Loop）项目的联合创始人及全球性非营利组织时尚革命（Fashion Revolution）

劳拉·弗朗索瓦（加拿大）居住在新加坡的知名环保作品创作者。全球性非营利组织时尚革命在新加坡和马来西亚的协调人，亦是服装循环项目和新一类（ANEWKIND）设计工作室的联合创始人。推动全球性环保组织以可循环及全方位的角度思考快时尚服装产业对社会及环境的影响。曾出现在英国广播公司的新闻节目中、《福布斯》杂志中以及艾伦·麦克阿瑟基金会（Ellen MacArthur Foundation）的开创式创作节（Disruptive Innovation Festival）。

在新加坡和马来西亚的协调人，劳拉一直关注服装产业对社会及环境的影响。

问：你有人际关系、创意艺术和可持续设计方面的背景，一直在努力帮助新兴公司、非营利组织和政府实现最大化可持续发展。在学习生涯和职业生涯中，是什么促使你在可持续发展领域不断追逐和前行的？

答：这无疑是一场革命和一次探索之旅！对我来说，尝试少有人做的事情令我有激情。让不同领域的人们聚在一起，讨论对社区来说非常重要的话题，我所做的每件事都以人为中心。也许是我太容易感到乏味，所以我一直

喜欢打破现状，小心而巧妙地用力，让人们自发地成为解决方案的一部分。

我觉得我对人这一群体非常感兴趣，尤其是在需要人们同心协力应对某项挑战时。我们只有 10 年时间来实现联合国制定的可持续发展目标，压力重重，时间紧迫。实现这一目标需要来自不同背景的群体借助差异性共同创造解决方案。我乐于促成这样的合作。对我来说，这是最有挑战、最有趣的工作！

问：非营利组织时尚革命和服装循环项目的目标是改变人们穿着和抛弃服装方面的观念。是什么原因促使你开始关注快时尚服

在新加坡展出的劳拉·弗朗索瓦和本杰明·冯·翁联手创作的作品——塑料恐惧症（Plastikophobia），展示了由18000多个废弃的一次性塑料杯组成的一个水晶般的洞穴结构　尤金·戈/摄

两个领域去探索深层问题。譬如，服装循环项目的思路就是借助艺术来探讨循环经济。两个不同的行业、两种不同的观念相互碰撞，可以加深大家对问题的理解。我寻找项目的原则是顺其自然，并随时保持开放的探索心态。

问：快时尚服装产业中哪些环节对地球影响最大、最有害？对我们有何直接或间接影响？

答：快时尚服装产业中影响地球的环节太多。以纺织品为例，目前回收利用混合纺织材料的纺织品的途径很少，而我们在市场上看到的大部分服装产品都是用混合纺织材料做成的。服装品牌在设计初期选定服装材料的阶段，往往不会考量服装成品的最终去向。

快时尚服装产业给我们带来的直接影响显而易见——从纺织品印染时染料中的毒素，到洗涤环节流出的微塑料，最终都不可避免地流入了海洋，被鱼类等海洋生物摄入，然后被人类摄入体内。世界自然基金会已得出结论：每个人每个月摄入的微塑料，大约相当于一张信用卡的重量！

此外，服装产业对环境也有间接影响，比如服装工厂排出的废水流入河流，染料中的毒素进入空气等，这些都会干扰生态系统，危害当地人的生活，甚至造成更为深远的影响。

问：垃圾必须有去处，垃圾的去处不同程度地影响着不同群体，对吗？你是否出于这个原因而寻求与全球各地如埃及、印度以及东南亚地区的相关人士合作？

答：垃圾是一个很有意思的话题，它很大程度上取决于一个

装产业？

答：快时尚服装产业是可持续发展领域和人权领域的交叉领域，它们是我关注了很久的两个领域。快时尚服装产业是理解这两个领域以及探究其相互影响的完美切入点。我认为快时尚服装产业能让每个人都关注可持续发展、循环经济以及供应链的道德规范等话题，因为服装与以上这些话题息息相关。从快时尚服装产业入手不会令人生畏，它让我能结合

本杰明和劳拉做出了全世界最高的衣橱——一个展示一个人一生拥有的全部服装的创意空间　服装循环项目/供图

国家或城市的规模、当地拥有的资源以及消费模式。我喜欢从国际视角探讨垃圾问题，因为垃圾常被从一个地区运往另一个地区。垃圾问题是一个世界性的问题。

此外，我认为垃圾的出现是因为人们浪费物品造成的。因此，我们需要从不同角度思考垃圾的本质，思考如何将它作为资源加以利用。在做到这一点前，无论我们向最终的垃圾处理环节投入多少资金，仍将收效甚微。

问：快时尚服装产业中的许多大品牌对日益增长的垃圾问题负有责任。网络和媒体怎样才能让人们更关注快时尚服装产业产生的这一问题？

答：大型快时尚服装公司在产生垃圾方面绝对应当成为社会的关注焦点。但这些公司也有能力发挥积极影响，只要他们认真检讨自己目前的商业模式。这些快时尚服装公司目前的商业模式可以而且应该进行大幅度改变，应向可持续发展公司转型。媒体可以帮助人们提升对快时尚服装产业垃圾问题的关注度，尤其是对那些供应链不透明、缺乏有效垃圾处理措施的服装品牌。时尚革命等非营利组织催生了一波民众在服装方面的环保行动，并借助媒体及网络提升了关注度。为了有效制止目前在快时尚服装产业内泛滥的"漂绿"行为，我们应继续要求快时尚服装产业对更棘手的问题给出解决办法，这一点非常重要。

问：对个人来说，我们可以采取哪些方法降低快时尚对环境的影响？

答：对个人来说，我们能采取的降低快时尚对环境影响的最重要的行动就是停止购买新衣服。其实做法非常简单。任何服装品牌都没有什么理由继续制造新产品，无论纺织材料多么环保，无论其生产过程多么透明。我们能采取的最有效的行动就是热爱并善用我们已经拥有的服装，购买二手服装或与他人交换服装。倘若快时尚服装产业此时此刻停止生产服装，现有的库存量已足够人类穿着。

问：阿迪达斯、吉斯达、劳力士及普拉达这类大品牌要么已开始与可持续发展机构合作，要么已站在了对环境友好的立场。在你看来，这些品牌是想主动改变当前的商业道德理念，还是仅仅出于品牌推广或商业动机？

答：各品牌确实面临很大的压力。我们要改变他们的商业道德理念，更重要的是要改变他们的

劳拉在柬埔寨金边的一间废弃的服装厂内工作了10天　劳拉·弗朗索瓦/供图

在柬埔寨一间废弃的服装厂里，劳拉站在用废弃纺织品建的"办公室"旁　劳拉·弗朗索瓦/供图

> **"无论各品牌是否出于商业或推广目的加入可持续发展的阵营，真正的改变在于我们要改变自己的购买习惯和消费模式。"**

商业模式。我认为各品牌在市场推广中呼吁保护生态环境及促进可持续发展，让消费者很难辨别品牌是否真的在做出改变。

的确，我们应该理解，品牌做出切实的改变需要时间，同时也要明白，令品牌产生生态羞愧感（eco-shaming）对于品牌采取措施彻底改革其业务并无帮助。我们所剩的时间并不多。无论各品牌是否出于商业或推广目的加入可持续发展的阵营，真正的改变在于我们要改变自己的购买习惯和消费模式。

问：你下一步有何计划或倡议？是否有吸引你的具体的目的地或方向？

答：我目前正在进行更系统的研究，研究为了实现可持续发展这一目标，如何促进那些平常并无交集的行业开展合作。我认为解决一些棘手问题的"魔法"是：为平常各自独立的行业提供聆听彼此、互相协作以及制订解决方案的空间。没有哪个人、哪个行业是独立存在于世的，一定会有一些因素影响其他行业。这是我喜欢的、我可以施展的舞台。目前我正在发起一项倡议，在提高人们对可持续发展目标的认知方面，让艺术家们发挥更大作用，推动人们在行动和文化方面做出改变，以尽早实现这一目标。

问：您对《亚洲潜水者》的读者有何建议？

答：下次潜水时，当你注意到海底景观或生态系统发生变化时，请明确指出问题。保持好奇心，行动起来，寻找解决方案！

印度尼西亚班达海的隐秘瑰宝

温森特乌斯·卡斯瓦拉和我的印尼探险（My Adventure Indonesia）/ 文

体验令人屏息凝神的印度尼西亚潜水，邂逅壮观的路易氏双髻鲨群。

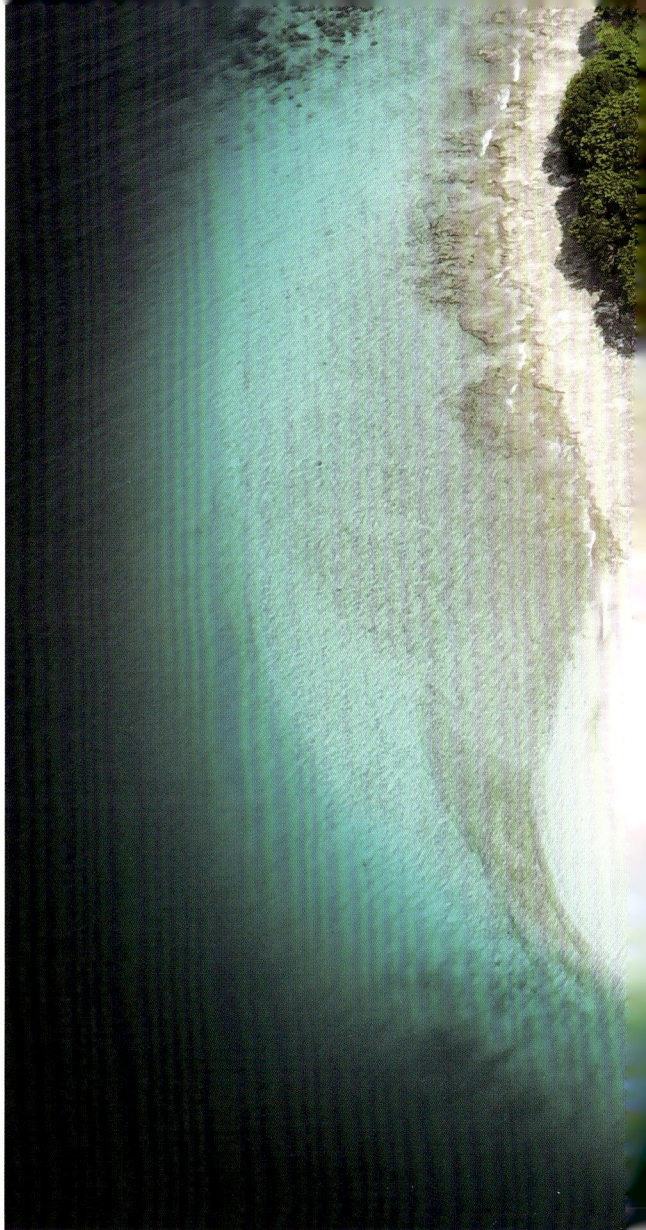

安汶的莫拉纳岛（Molana）的白沙滩 亚历克斯·谭 / 摄

"喔！喔！喔！"从水下30米深处传来呼声，潜导亚丁手指我们的前方。突然，一大群路易氏双髻鲨列队出现在我们面前，它们在班达海被遗忘的群岛（Forgotten Islands）周围的蓝色海水中威武前行。

我感到十分震惊，其他潜水伙伴也是如此。数百条双髻鲨在我们面前优雅地游过，宣告这里是它们的领地。这里是鲨鱼的王国，我们只是访客。

印度尼西亚的班达海有许多隐秘的瑰宝，只能在每年的特定时期见到的路易氏双髻鲨群就是其中之一。

我的旅程始于香料群岛（Spice Islands，也就是马鲁古群岛）西南角的图勒胡码头（Tulehu Harbour）。在那里，等待我的是35米长的传统木质比尼西帆船阿玛亚探索号（Amaya Explorer）。这艘帆船在进行内部翻新改造后，刚刚完成从雅加达至安汶的长途旅行。

阿玛亚探索号属于豪华船宿，可容纳20位游客，配备了全套潜水设施，有两艘快艇用于接送潜水者。船上有配套设施完善的厨房及餐厅。甲板上有可供6人同时使用的按摩浴缸，在茫茫大海中的星空下，潜水者们可以放松身心。

到达码头后，我被介绍给了PADI的潜水教练内洛。我俩聊起即将到来的潜水行程，期待着在著名的"火山环"（Ring of Fire）追寻鲨鱼群。

我们的潜水行程从图勒胡码头附近的一次评估潜开始。巴图龙帕（Batu Lompa）潜点生长着丰富而美丽的珊瑚，水下能见度也较好。在潜水过程中，潜水长持续评估每位潜水者的潜水技能及状态，以便更好地了解在后续探险中每位潜水者的需求。评估潜结束后，银月当空，我们在甲板上享用晚餐。阿玛亚探索号将首先前往一个名叫巴图苏安吉（Batu Suanggi）的潜点，然后继续航行至该地区著名的香料群岛中的班达奈拉（Banda Neira）岛。

次日清晨到达巴图苏安吉潜点时，迎接我们的是壮丽的景色和令人惊叹的鸟儿。丰富而美丽的珊瑚花园沿岛屿的海岸线分布，断崖延伸至水下50米深处。

这里的海洋生物数量众多且种类丰富，可见到玳瑁、数十种远洋鱼类、灰三齿鲨等，当然还

有路易氏双髻鲨群。

午餐后，我们的船继续开往香料群岛。在那里，我们欣赏了壮观的日落景象。夜幕降临时，我们的船停靠在班达奈拉岛。这座小岛在历史上的地位举足轻重，曾经是全球的肉豆蔻及豆蔻皮贸易中心。

我们路过几幢旧宅，它们是印度尼西亚前副总统穆罕默德·哈达被荷兰殖民者流放时的住所。我们还参观了雄伟的比尔基卡碉堡（Fort Belgica）。

我们探索的下一个潜点是位于班达奈拉海峡外侧的卡朗哈塔（Karang Hatta）。

途中，我们看到一大群领航鲸欢快地游过。它们还试图追赶我们的船。我躺在船尾，幸运地看到两条成年鲸在船后快速游动。

在卡朗哈塔潜点，一潜就可以见到令人难忘的珊瑚花园和数量众多的热带鱼，我们享受了一场视觉盛宴。我们还意外地邂逅了一条路过的大梭鱼，它经过我们身边时回头一瞥，眼神凶悍而凌厉，迅速游走了。之后，我们前往被遗忘的群岛，它是地处偏

"阿玛亚探索号属于豪华船宿，可容纳20位游客，配备了全套潜水设施，有两艘快艇用于接送潜水者。"

一位潜水者观看在珊瑚礁上方游弋的双髻鲨群　阿玛亚探索号船宿公司／供图

远的群岛岛链，许多岛上还有活火山。

我们下潜到海下深处，沉浸在令人着迷的水下生物世界中。我一边沿着珊瑚进行放流潜水，一边寻找双髻鲨。

突然，潜导指着一群神情威严的双髻鲨让我们看。没有时间可以浪费，大家立即踢蹼游动，离开峭壁。大大小小约数十条双髻鲨在我们面前列队，每一条看起来都那么优雅，它们尽情地、欢快地在海里游动着。

回到船上，船员为我递上热毛巾和热巧克力，这真是在水流中奋战后最好的享受。这场奋战，令人心满意足！

这样的探险绝对不适合胆小的人，但这并不意味着要拒绝其他精彩的潜水行程。因为工作人员们的慷慨和热情，因为阿玛亚探索号齐全、舒适的设施，我们拥有了难忘的潜水之旅。

回到安汶的图勒胡码头，我脑海中萦绕着发生在香料群岛和被遗忘的群岛的各种画面，其中当然包括令人兴奋不已的双髻鲨群。这些画面已被镌刻在我的脑海里，令我终生难忘。

这次潜水经历让我想到了一个问题：海洋会一直保持目前这样的状态吗？令人震撼的双髻鲨群能一直安全地远离残酷的渔猎活动和鱼翅产业吗？

答案由我们人类掌握。要保

豪华船宿是探索班达海的完美方式　阿玛亚探索号船宿公司／供图

在阿玛亚探索号的餐厅尽情享用印度尼西亚美食　阿玛亚探索号船宿公司 / 供图

"我脑海中萦绕着发生在香料群岛和被遗忘的群岛的各种画面，其中当然包括令人兴奋不已的双髻鲨群。这些画面已被镌刻在我的脑海里，令我终生难忘。"

护这些有代表性的生物物种需要我们同心协力、共同努力。但有一点是肯定的：任何人只要在班达海体验过奇妙的潜水，就会以全新的眼光去看待海洋和海洋生物，并从内心深处珍视这些值得我们保护的对象。

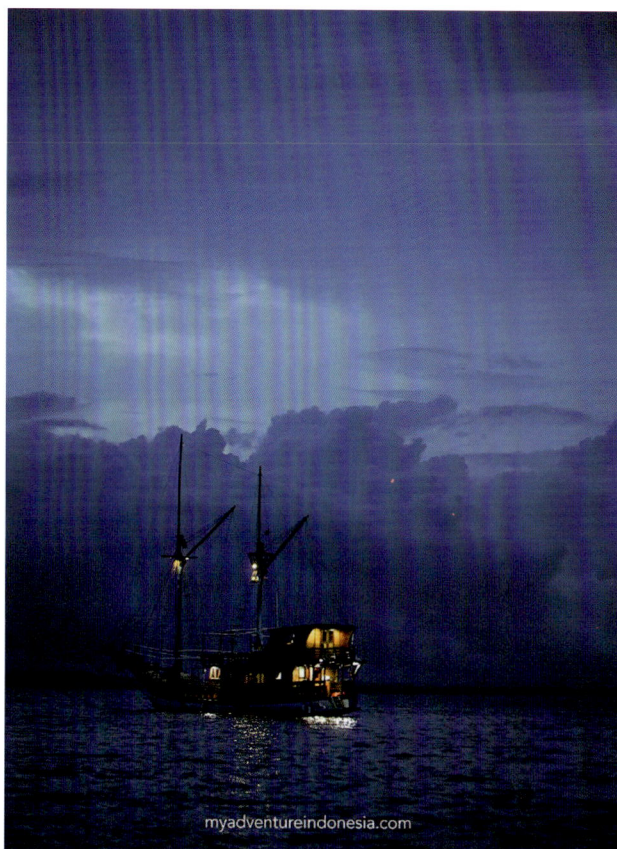

你的安全是我们最关心的

比尔·齐菲勒（DAN 总裁兼首席运营官）/文　斯蒂芬·弗林克/摄

我在正式投身于潜水行业前就几乎将业余时间都用在了潜水上。幸运的是，我妻子和我一样对潜水充满热情，我们所有的旅行基本上都是潜水之旅。我们每次潜水都有不同的体验。有时，我们与某些团队或运营商一起潜水，安然无恙地归来，在之后的日常生活中不再想起他们。而更多的时候，当我们在船上结识船长、工作人员及其他潜水者时，瞬间有了安全感。当我思考为什么我们在某些船上比在其他船上感到更自在时，我意识到这并非由于我们都喜欢潜水且恰好谈得来，而是因为这份安全感。船上的工作人员由衷地关心我们，尤其关心我们的安全。我曾见过潜水长跃入水中寻回潜水者掉落的装备，潜水教练竭尽所能帮助受伤的潜水者……他们努力保护乘客和潜水者不受伤害。

当潜水行程顺利、只是偶尔发生一些小状况时，容易让人产生不会出任何意外的错觉。但真相是，无论我们做的准备多么充足，仍可能发生意外。

2019 年 9 月 2 日，概念号（Conception）船宿的船上发生的火灾在潜水界引发了轩然大波，这让我们不禁感叹："怎么会发生如此可怕的事情？"

没有人知道答案，也许我们永远找不到答案。但在这令人痛心的事件之后，我们必须要记住：对每个人来说，紧急和意外情况并不会厚此薄彼，并非只有准备不充分或行为鲁莽的潜水者才会受伤。我们必须尽力避免发生意外，并在意外来临前做好应对准备。

幸运的是，紧急和意外情况在潜水过程中非常罕见。虽然罕见，却可能是致命的。一位潜水者在拥有 1000 次潜水记录后，就可能在某次下潜前略过潜伴间的安全检查环节，而这一次他恰恰可能会碰到装备出现严重问题的情况，而隐患原本可以在潜伴间进行安全检查时被发现。

略过安全检查环节、推迟船只维修或是使用 3 年内未保养过的呼吸调节器……这些举动或许不会产生任何后果，但也可能导致可怕的后果。为自己留出时间，遵守安全行为规范，甚至要在安全行为规范的基础上更谨慎地行事……小小的付出会带来巨大的回报。

潜水员警示网（DAN）最重要的作用之一是为潜水者提供可靠的信息及资源，用以提高潜水安全性。我们鼓励所有潜水者阅读意外事故报告，查阅健康潜水参考（Health and Diving Reference）系列内容，制订预防意外事故的行动计划，更新潜水证书，并参加潜水进阶培训。

托马斯·爱迪生曾说过："如果我们满足于今天所拥有的一切，未来就不会变得更好。"如果我们将标准设定为可接受的最低标准并满足于现状，我们就不能指望在未来拥有更安全的潜水体验。

你的安全是我们最关心的，是我们所做的一切的核心。我们不断提高潜水安全标准，并鼓励每位潜水行业的经营者、每位潜水专业人士以及每位潜水者都这样做。当我们致力于让此后的每一次潜水都比上一次更安全，潜水世界将更美好。

⊕ DAN 紧急求助热线

> 澳大利亚：1800-088-200
> 澳大利亚以外地区：+61-8-8212-9242
> 印度尼西亚：+62-21-5085-8719

谨防骄傲自满

安妮·欧文 / 文

认真履行潜水前的各项程序至关重要。确保装备可以正常使用，确认潜伴间都能理解对方的沟通方式，可以帮助我们应对意外状况　左图　安妮·欧文 / 摄　右图　斯蒂芬·弗林克 / 摄

在菲律宾阿尼洛进行第十三潜时，我感觉很轻松。天气很好，海上平静无波，潜导和我慢悠悠地在水下约9米深处的岩石表面寻找小生物。我们已在水下待了约25分钟，整个潜点只有我俩。

我俯身去看一对科尔曼虾，突然感觉有人在急促地拉拽我的左手肘。我抬头看到潜导正夸张地把手掌横在他的颈部并不断左右移动。震惊之下，我脑海中出现了49年前接受潜水培训时的画面，迅速将潜导的动作理解为出现危险的信号。我立即察看周围环境，检查水面是否有误入的船只，岩石表面是否有有毒的鱼以及水中是否有任何异样。

这时潜导扳过我的身体，拉下我的备用二级头放进嘴里开始大口呼吸。我们惊愕地对视了好一会儿，互相打了OK的手势，缓慢上升准备登船。虽然这一潜都在浅水区进行，但我们仍然延长了安全停留的时间，当我们回到螃蟹船后，终于松了一口气。

我俩立即开始回顾刚才的潜水过程。出了什么问题？经验丰富的本地潜导怎么会耗尽气体？我为什么会错误理解他的手势而未能做出正确反应？和多数类似情况一样，以下几个错误会导致危险状况出现。

错误1：依照许多高端潜水中心的潜水程序，潜导和我都依赖船员更换气瓶和准备装备。潜导在第一潜后未更换气瓶，在这一潜开始时气瓶里的气量可能不到一半，但没人注意到这一情况。

错误2：潜导每天都潜水，他承认当时并没太留意自己的装备。事后检查他的压力表时发现压力表出现了故障，在气瓶内气量已空的状态下，压力表上仍显示1100万帕（110巴）。难怪气体用尽前没有任何预兆。

错误3：在为期4天的潜水行程中，我俩从未执行过潜伴间的安全检查程序，因此双方也从未确认过沟通手势。略过这一关键性安全步骤且错误地理解手势，我感到很羞愧。这次事件虽然无人受伤，但让我意识到骄傲自满在潜水中是行不通的。我获得的教训是：每一潜——无论自己多么熟悉这一海域、无论海水多么浅、无论自己感觉潜水多么容易，保证安全是一个非常严肃的问题，我们必须认真检查装备并遵守潜水准则。

⊕ DAN 小贴士

无论你受过多少训练或是否准备充分，如果你感觉不能享受潜水的乐趣或感到不安，就取消这次潜水行程。因任何原因取消潜水行程都无须感到羞愧。

应何时致电医生？

佩塔尔·德诺布尔（医学博士）/ 文　©Shutterstock/ 供图

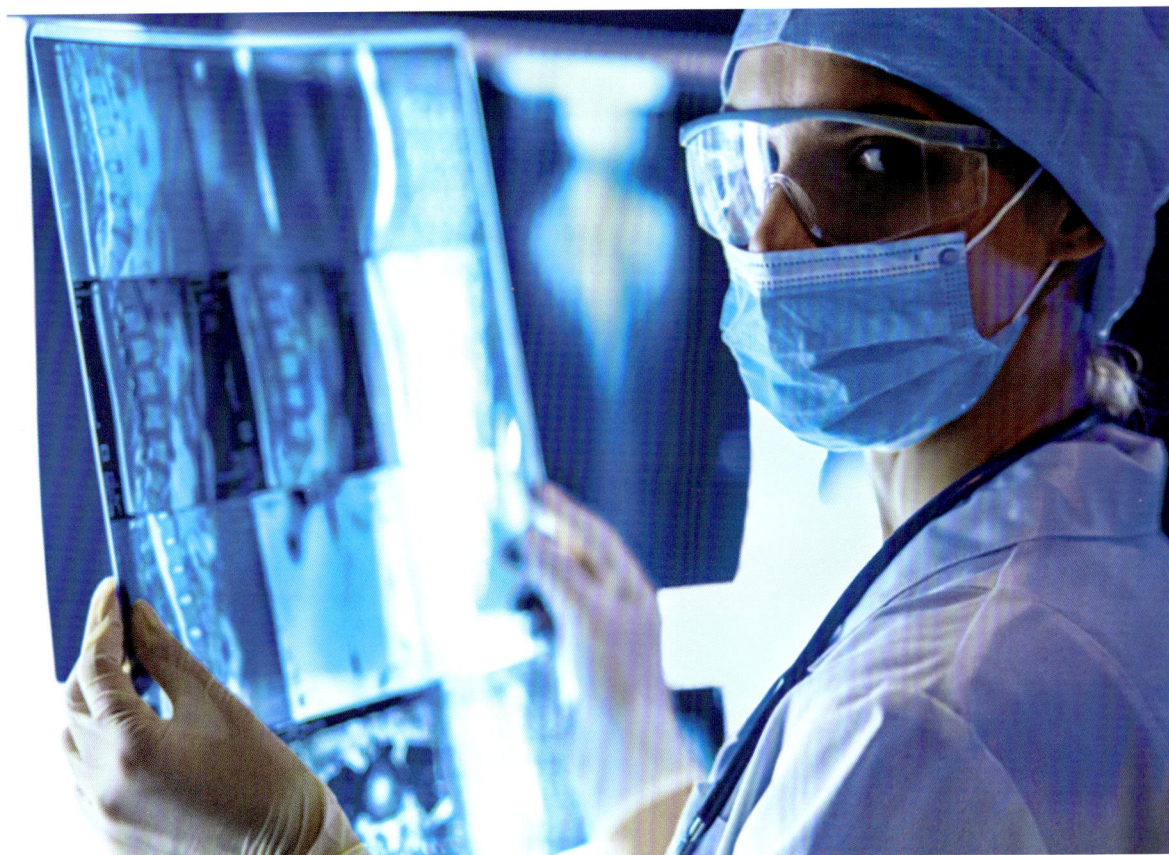

如果你在潜水过程中或潜水后很快出现了健康问题，就应推测这可能与潜水有关。最有可能的罪魁祸首是减压病（DCI），发生减压病的可能性随潜水的强度而增加。如果怀疑自己罹患减压病，你应当立即接受氧气急救并接受正规的医学评估。即便你的症状并非减压病，实施氧气急救仍可能对你有帮助且不会令情况恶化。如果经过医学检查显示可能是减压病，下一步可能就要在高压氧舱接受高压氧治疗（HBOT）。升水后立即摄入足够的水分也很重要。

有些潜水者在潜水过程中或潜水后可能出现完全与潜水无关的症状。如果在潜水前已存在某些健康问题，潜水后产生的症状极有可能与之前身体已存在的问题有关。减压病也可能出现在一次完全正常的潜水之后，而有些并不知晓自身早已存在健康问题的潜水者也可能在潜水后出现一些与减压病类似的症状，因此依据潜水后出现的症状来判断潜水者是患了减压病还是产生了其他健康问题就变得非常困难。

为了使医生做出最准确的诊断，最佳做法就是向医生如实告知全部症状，即使是看起来微不足道的小问题。

心脏病发作及脑卒中

当胸部、左臂或下腭出现放射性疼痛时，要引起重视，这可能是心脏病发作的征兆。而出现剧烈头痛，一侧面部或肢体无力、麻木，意识混乱或言语不清等症状，则可能是脑卒中。一旦出现上述症状中的某一种，请立即拨打紧急医疗服务热线，或立即前往距离最近的紧急医疗救护机构。

加压治疗

大多数情况下，在高压氧舱内进行高压氧治疗将会大大缓解减压病的症状，并且不会对身体带来任何危害。如果当地有相应的医疗设施，那么在症状出现后尽快进行加压治疗是最有效的方法。不幸的是，潜点附近往往没有高压氧舱。DAN 建议潜水者一旦出现相关症状，应先前往最近的医疗机构接受专业评估及初步治疗。当医生判定需要进行高压氧治疗后，请致电 DAN，DAN 随时可为当地医生提供咨询并协助他们诊断。

安排转运

当地医疗机构的医生在听取 DAN 的医生的意见后，通过综合判断，会确定伤病者是否需要被转送至更高级别的医疗救护机构或是否需要使用高压氧舱等设施。如果伤者是 DAN 的会员，可以享受紧急撤离服务（TravelAssist）。在拨打 DAN 紧急救助热线后，DAN 会安排转运。在病人等待转运期间，当地的医疗机构会继续提供医疗支持，以帮助伤病者减轻症状。

潜水后可能出现的疑似减压病的症状

如果罹患减压病可能有以下症状：

- 主要关节疼痛
- 皮肤出现斑块
- 四肢麻木、刺痛
- 行走困难
- 肌肉无力
- 一侧面部或身体无力
- 眩晕
- 视觉或听觉出现问题
- 身体失去平衡，恶心

- 意识混乱
- 呼吸困难
- 腹痛
- 失去意识

紧急状况

无论你是否潜过水，以下症状都表示身体出现了紧急状况，必须立即就医。

- 胸痛或呼吸困难
- 一侧身体虚弱或麻木
- 突然失去语言、视觉、行走或其他活动能力
- 言语不清
- 剧烈头痛或颅脑损伤，尤其在服用阿司匹林或血液稀释剂后
- 昏厥或精神状态改变
- 严重烧伤
- 头部或眼睛受伤
- 脑震荡或意识混乱
- 骨折或关节脱臼
- 发热并伴有皮疹

- 癫痫
- 可能需要缝合的严重割伤
- 面部撕裂伤
- 腹痛（尤其是局部出现剧烈疼痛）
- 尿血或出血性腹泻
- 孕期阴道出血

自己驾车前往医院还是拨打紧急求助热线？

当你出现剧烈胸痛、出血症状，或感到视觉受损、可能会昏厥时，就不要亲自驾车。如果心存疑虑，应拨打紧急求助热线求助并告知你的方位。对于心脏病或脑卒中这类紧急状况，医护人员通常在护送病人前往医院的途中就开始施救。

+ **DAN 小贴士**

如欲获取更多潜水健康及安全信息，请访问 DANAP.org。

尽管治疗有所延误，但潜水者仍幸运康复

DAN/ 文　斯蒂芬·弗林克 / 摄

一位 60 岁的女性潜水者，拥有 40 多年潜水经验，其间多年作为潜水专业人士从事潜水专业工作。之前的报告称她的身体状况良好，且无长期服用药物的记录。

潜水经过

这位潜水者在 5 天内共进行了 10 次潜水。在第四天，她参加了一次计划好的减压潜水。之前进行的所有潜水均维持在她潜水电脑表的免减压极限范围内。这次减压潜水的深度为 33 米，时间为 25 分钟，呼吸气体为空气，并且她完成了所有必要的减压程序。

此次潜水未报告任何问题或事故。

在结束减压潜水 7 小时后，这位潜水者右臂及右腿出现麻木及深部疼痛症状，疼痛放射至足部，这种痛感和她以前经历过的任何疼痛都不一样。次日上午她又参加了两次潜水：第一潜深度为 14 米，时间为 50 分钟；第二潜深度为 9 米，时间为 30 分钟。潜水者事后回忆，潜水期间及潜水之后自己的症状并无任何变化。

在最后一潜结束 48 小时后，这位潜水者在搭乘航班途中症状恶化。回到家后，疼痛加剧，令

她从睡梦中痛醒。服用消炎药后她的症状有所缓解，但次日清晨痛感已放射至右肩。她右臂的握力似乎有所降低，而右腿及足部的麻木和疼痛使她不能正常行走，于是她致电 DAN。

评估经过

在收集了患者的所有信息后，DAN 接听电话的医生强烈建议她前往最近的急诊室接受医学评估。但患者认为她的主治医生可以更快地提供评估，于是她预约了下午较早的门诊。DAN 的医生随即联络了高压氧舱的医生，一旦患

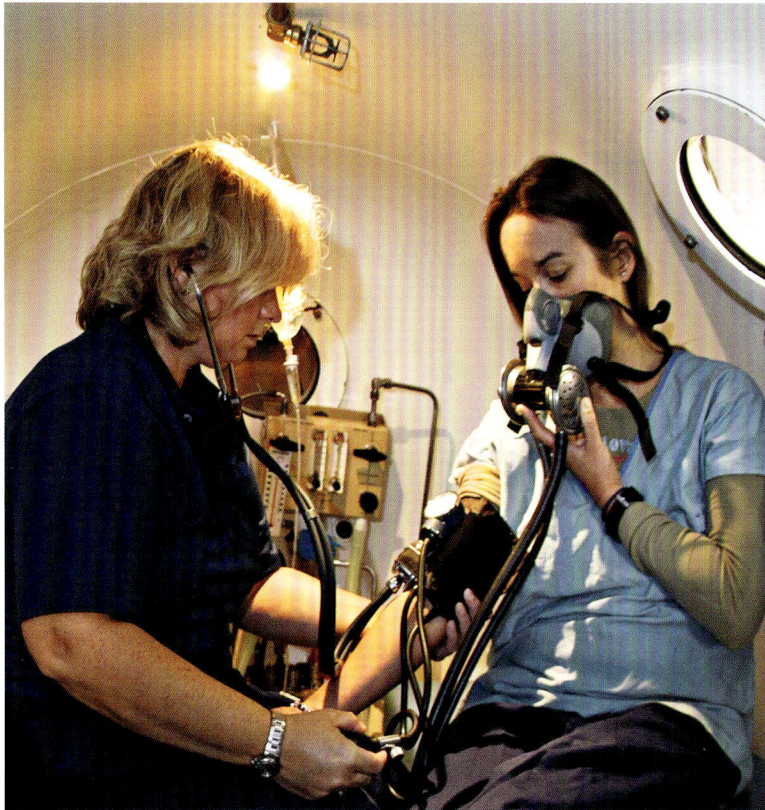

潜水后如果身体出现任何症状，无论你判断是否与潜水有关，都应接受专业评估，如果被诊断为罹患减压病或其他与潜水相关的疾病，应立即接受治疗。因此，潜水后一旦出现症状，就要求助于专业医生或致电 DAN，做非常重要

者被诊断为减压病，就可以尽快接受治疗。高压氧舱的医生也联络了患者，请她在看主治医生时给自己打电话。高压氧舱的医生及患者的主治医生合作进行了诊断，在对患者的神经及身体状况进行全面评估后，患者被诊断为患有神经性（II 型）减压病，被送至距离为 2 小时车程的高压氧舱进行治疗。

在那里，患者接受了再评估，并按照美国海军治疗 6 号表（U.S. Navy Treatment Table 6）的方法在高压氧舱接受治疗，身体状况有所改善。治疗前，她的握力和腿力的测定结果为 3.5（满分为 5），治疗后的测定结果为 4.5。第二天她接受了美国海军治疗 5 号表（U.S. Navy Treatment Table 5）的治疗方法。第二次治疗后，患者

唯一的遗留症状为右腿有轻微酸痛感，主治医生解释说这很常见且会随着时间的推移消失。

案例探讨

这个案例中有几个要点需要注意。首先是症状识别。请记住，疼痛是身体告诉你出问题了——无论你是否进行过潜水。并非潜水后身体出现任何疼痛都表示患了减压病，但一旦出现疼痛就应及时接受专业人士评估。如果身体出现任何前所未有的症状，应当马上寻求医学评估或致电 DAN，与医生讨论你的身体状况。

这位潜水者出现症状后拖延了 5 天才进行治疗。幸运的是，她完全康复了。即便拖延了一些时间，也仍要接受治疗。至于究竟拖延多久算是"太久"，仍然是医学专家们探讨的问题。理想情

况下，患者应当在出现症状后的 24 小时内接受专业的医学评估和治疗。

随着时间的推移，体内导致减压病的气泡将会逐渐溶解，但我们并不知道需要多久气泡才能完全消失。然而一旦对身体造成伤害，症状可能比气泡本身时间更长。如在症状出现后 24 小时内接受高压氧治疗，压力会让体内气泡变小，高氧分压会加速消除体内气泡。即便因种种原因延迟使用高压氧治疗，它依然会有所帮助；即便体内气泡不存在了，高压氧对体内遗留的组织损伤仍有治疗作用。

当你出现相关症状时请不要犹豫，立即寻求医学评估。如果身体出现紧急状况，请首先联系紧急医疗服务，然后致电 DAN 全年全天候紧急热线电话 +1-919-684-9111。保证你的安全是我们的首要任务。

➕ **DAN 小贴士**

你即将踏上潜水行程？请访问 DANAP.org，进一步了解 DAN 的会员权益及潜水伤害（治疗）保险。

潜水湿衣与热应激

DAN 医疗信息专员及研究员为你解答有关潜水医学问题。

问： 当我在潮湿环境中穿着潜水湿衣时，会感觉眩晕和恶心，和晕船的感觉一样，而我常常晕船。为什么会这样呢？如何避免出现这种情况？

答： 氯丁橡胶潜水湿衣具保暖性且不易使湿热发散，这可能导致你感觉眩晕和恶心。下潜前，潜水者已完全穿上湿衣并拉上拉链，若长时间在潜船的甲板上或岸上停留，可能导致热应激及热衰竭，常见症状为眩晕和恶心，所以应避免过早将湿衣完全穿好。潜水结束后，要立即卸下装备并至少脱去上半身湿衣，让身体散热。此外，应充分补充水分，并减少身着湿衣暴露在阳光下的时间，这将有效避免产生热应激。

（乔纳森·吉列姆，高级急救医士，潜水医学技士）

问： 接受脊椎矫正术后的数小时内可以潜水吗？

答： 目前没有关于脊椎矫正术与水肺潜水安全之间关系的研究。如果潜水前身体已存在一些健康问题，如下背部或颈部疼痛、头痛等，需要进行脊椎矫正和有关治疗，就要关注以上症状是否意味着任何身体上或功能上的障碍，从而影响潜水安全或紧急应变能力。

有些人在脊椎矫正术后的数天内可能出现并发症或不良反应，症状可能包括头痛、虚弱或类似剧烈放射性疼痛，以及肿胀或是被治疗部位出现无力感——这些症状都可能被误认为减压病症状从而导致不必要的加压治疗。

同样，减压病的症状也可能被错误地归结为脊椎矫正所产生的并发症或不良反应。尽管我们并不认为脊椎矫正与潜水安全之间存在必然关联，但我们无从确认。我们在潜水时应有这样的底线：倘若身体的不适感不属于

斯蒂芬·弗林克/摄

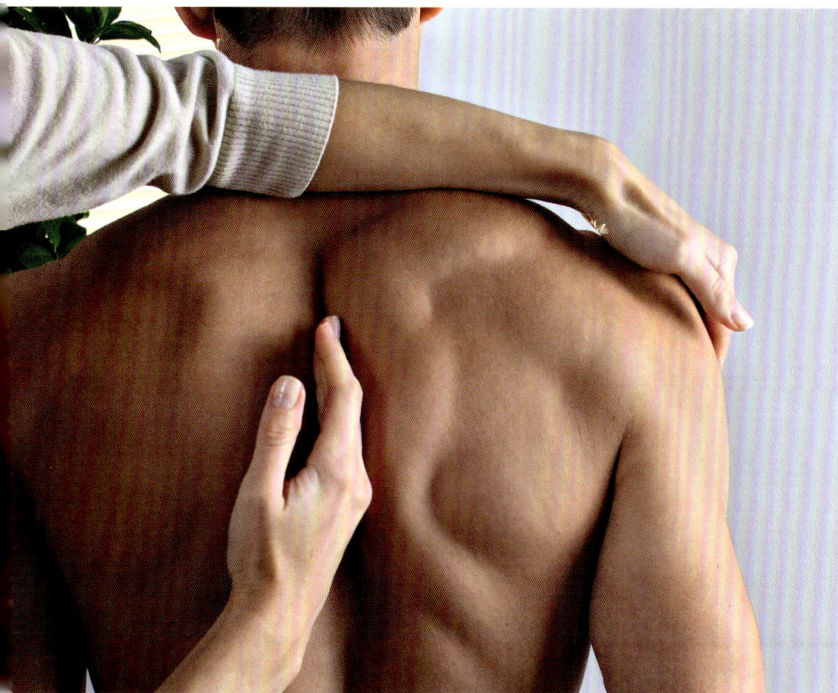

©Shutterstock/ 供图

受影响的关节恢复活动能力。

活动时如果疼痛难忍通常表示海胆棘刺刺到了关节。刺到手部或足部肌腱的棘刺可能导致腱鞘炎，即肌腱及保护肌腱的滑液鞘发炎。这往往需要专业外科医生进行干预。如果忽视这种发炎症状可能导致关节永久性损伤。

此外，海胆的棘刺覆盖着一层薄薄的组织，某些海胆棘刺上的这层组织表现为一种强色素。这些组织或强色素为抗原嵌合体，能刺激皮肤产生强烈的免疫反应和炎症反应。这正是皮肤被海胆的棘刺刺伤数月后症状仍然存在的原因。时间、耐心、消炎药以及物理治疗是治疗成功的关键要素。

（特拉维斯·沃德，高级急救医士）

潜水禁忌症且脊椎矫正术进行得很顺利，那么，过几天后再考虑潜水，以确保身体处于最佳状态，这才是明智的做法。

（丹尼尔·A.诺德，高级急救医士，认证高压氧舱技师）

问： 在最近一次前往夏威夷的旅行中，我在海滩附近游泳时踩到了海胆，左脚大脚趾与前脚掌之间扎了一根大刺，右脚扎了一些小刺。我的左脚流血了，右脚轻微疼痛。按照当地救生员的建议，我用热水和醋泡了脚，所有黑点完全消失了。昨天我左脚的大脚趾开始肿胀和发痒，但无发红或发热。我能走路，但一瘸一拐，左脚大脚趾因轻微肿起而活动受限。这是被海胆的刺刺伤后正常的愈合过程吗？

答： 不幸的是，被海胆的棘刺刺伤是非常棘手的问题，尤其是在脚趾或小关节上。一旦被海胆

棘刺刺伤关节，应立即寻求专业医疗处置。热水浸泡可能有利于缓解疼痛，但并不是最终解决方案。用醋浸泡受伤部位是针对水母蜇伤及其他刺胞动物伤害的有效急救方法，但对海胆的棘刺刺伤并不起作用。

大脚趾轻微肿起以及活动受限表明脚趾发炎、感染或有异物留存。一段时间后，感染可能导致软组织异物肉芽肿（免疫细胞试图包围感染部位或异物），出现红肿和疼痛症状。抗生素及皮质类固醇通常对治疗软组织异物肉芽肿有效，但如果异物肉芽肿影响到关节间隙或肌腱，尤其是皮肤内有不能被溶解或自然排出的异物时，就可能需要手术引流放脓。慢性发炎的过程可能会导致肌肉纤维化，从而限制脚趾活动。在这种情况下，物理治疗可以有效地缓解或阻止肌肉纤维化，让

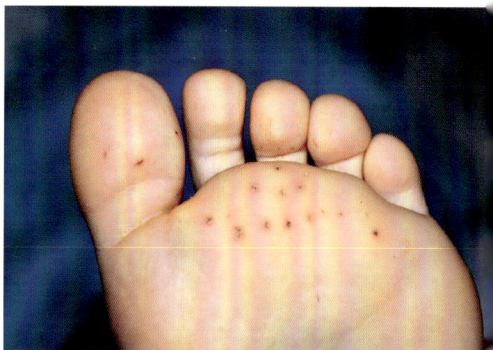

©Shutterstock/ 供图

问： 我上周在一次自行车事故中腕部骨折，医生用防水夹板固定了患处。本周末我将出发去潜水。潜水时我应注意哪些问题？

答： 身体任何部位出现骨折时都不建议潜水，无论用的是哪种固定夹板。"防水"是一个误解——不存在 100% 防水的固定夹板。你的医生使用的是可以让你淋浴甚至适度游泳的夹板。但夹板下潮湿的皮肤可能会过敏甚

至破皮。尽管皮肤在净水或氯化水中发生感染的风险很低，但也不是完全没有风险。海水、湖泊、河流及矿坑中的水未经处理，机会性感染微生物将令感染风险成倍增加。而且骨折会导致手臂功能受限，让你在穿脱装备、上下舷梯时受伤的风险增加。只有当你完全康复、医生允许你进行完全不受限的活动时，潜水才不成问题。

（拉纳·索雷尔，急救医士，潜水医学技士）

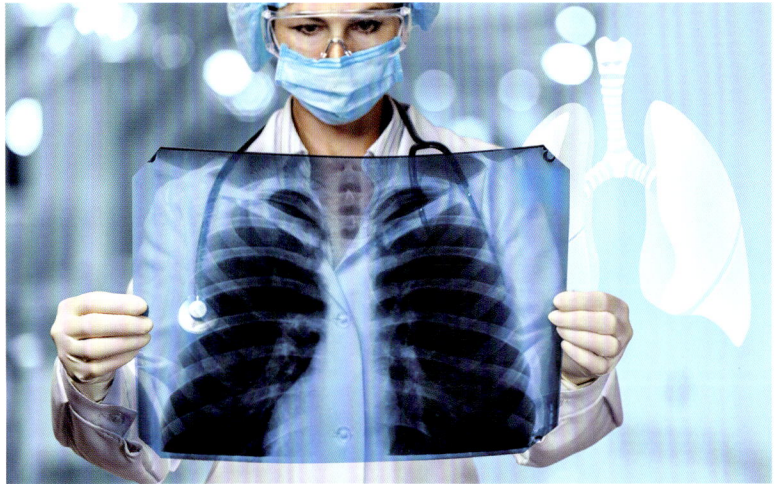
©Shutterstock/ 供图

问：我于 2015 年患肺炎，并接受了肺部外科手术（胸廓切开术）以排出积脓。在这种情况下潜水安全吗，还是风险很高？

答：这种情形主要考虑的要点在于胸廓切开术可能导致胸膜粘连和术后瘢痕组织增生，这可能会令你更容易罹患肺气压伤。

由于在肺部组织充气过度时可能出现肺气压伤，潜水者的肺必须能承受肺的体积及压力的快速变化。肺部纤维化或肺部出现瘢痕组织对水肺潜水者来说是个问题，因为这使得肺的弹性比正常时低。肺部的任何问题，有时即使仅仅是小范围的膨胀，都可能引发肺部破裂。肺气压伤常出现在潜水快结束时，此时潜水者处于升水过程，气压减小，肺内所存空气膨胀。发生肺气压伤时，肺内的空气可能从此前受伤的部位漏出并进入胸腔，从而危及生命。

肺部漏出的空气可能进入 3 个部位：心脏周围的纵隔区（导致纵隔积气或纵隔气肿），肺部和胸腔壁之间的胸膜区（导致气胸），以及血管（导致动脉气体栓塞）。

事先了解这些可能存在的危险，并在潜水时保持较低的上升速率，可能会降低上述风险。

高清晰螺旋 CT 肺部扫描可以显示出瘢痕的范围、胸膜粘连及任何空气滞积。CT 扫描后有必要约见专科医生，以在潜水前排除肺部空气滞积及胸膜粘连。医生还将告知你病症的复发风险以及可能存在的任何其他健康问题，你还要考虑你的身体的整体健康水平及吸烟史等。所有这些都是你再次潜水前必须考虑的。

（谢里尔·谢伊，注册护士，认证高压氧舱技师）

©Shutterstock/ 供图
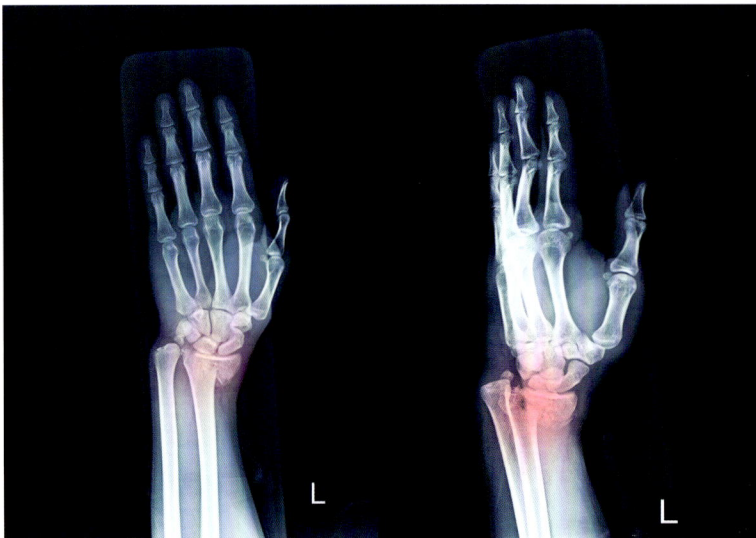

➕ **DAN 小贴士**

如果有相关医疗问题需要咨询，请致电 DAN 医疗信息热线 +1-919-684-2948，或发邮件（medic@dan.org）联系我们。我们随时准备为你提供帮助。

潜水装备

1 SCUBAPRO
SYNERGY 2 TRUFIT
潜水面镜

只需试戴一下 Synergy 2 Trufit 单镜片潜水面镜，就能体会到它与普通潜水面镜的区别。此款面镜使用了 Trufit 技术，拥有两层独立的硅胶裙边——一层是轻薄柔软的内裙边，以确保潜水者佩戴时有较好的贴合度和舒适度；一层是位于面镜框靠外的略厚的外裙边，起到支撑潜水面镜的作用。创新的双裙边设计令这款潜水面镜与 Synergy 之前的潜水面镜大不相同，并几乎适合任何脸型，而且密封性和防水性极佳。佩戴这款低容积单镜片潜水面镜时潜水者视野开阔，面镜带和搭扣使用也很方便。面镜的框架经喷漆处理，更凸显品质。

www.scubapro.com

1 ▶

2 ▶

3 SCUBAPRO
EVERTECH 干衣

Evertech Dry Breathable 是一款为酷爱潜水的人士设计的多功能、高品质 3 层式潜水干衣。它使用透气尼龙织物、聚氨酯、尼龙三层材质，缝合时使用了防水贴条接缝，前胸斜向使用了防水拉链，腕部和颈部使用了 Si-Tech 环密封系统以及 Si-Tech 阀门。一对大储物口袋、轻型连体靴以及蓝色吊带是它的标配。这款干衣品质上乘，潜水者在任何潜水环境中穿着时身体都可以感觉温暖、干燥、舒适。

www.scubapro.com

3 ▶

2 SCUBAPRO
SEAHAWK 2 浮力控制器

Seahawk 2 全功能型浮力控制器，不仅肩部设计应用了人体工程学，还配有可旋转搭扣以及柔软的加固型背板——这令 Seahawk 2 比上一代产品更轻，且更易折叠和打包。不锈钢 Super Cinch 气瓶绑带位置较低，与一条魔术贴粘扣带配合使用，潜水时可保持气瓶稳定。其他特色设计还有：50 毫米宽、有轻型压扣的腰带，较大的储物口袋以及现代设计风格的通气管和阀门，流线型的外观，必要时可提供充足的浮力等。Seahawk 2 是既追求在水下行动自如又希望兼顾舒适性及稳定性的潜水者的最佳选择。

www.scubapro.com